Anselm Grün macht Mut, in Krisenzeiten der eigenen Kraft zu trauen. Wer innehält, sich die eigenen Fähigkeiten bewusst macht und sich auf die Energie des Heiligen Geistes besinnt, kann schwierige Zeiten überwinden. Die sieben Gaben des Heiligen Geistes stärken unsere Kraft und geben Mut: Mit Weisheit, Verstand, Rat, Stärke, Erkenntnis, Frömmigkeit und Gottesfurcht verleiht der Heilige Geist uns Fantasie und Kreativität, um Wege aus der Krise zu finden. So können wir neue Chancen in unserem Leben entdecken und frische Energie für die Zukunft schöpfen.

Anselm Grün, geboren 1945, ist Benediktinermönch und Autor zahlreicher Bestseller. Der Cellerar der Abtei Münsterschwarzach wird von vielen als geistlicher Berater geschätzt und gehört zu den meistgelesenen christlichen Gegenwartsautoren.

Anselm Grün

Trau deiner Kraft

Mutig durch Krisen gehen

Deutscher Taschenbuch Verlag

Von Anselm Grün sind im
Deutschen Taschenbuch Verlag erschienen:
Menschen führen – Leben wecken (34277)
Damit dein Leben Freiheit atmet (34392)
Ich wünsch dir einen Freund (34441)
Du bist ein Segen (34474)
Leben und Beruf (34534)
Die Zehn Gebote (34555)
Königin und wilde Frau (34585)
Die hohe Kunst des Älterwerdens (34624)
Kämpfen und lieben (34638)
Wunden zu Perlen verwandeln (34713)

Ausführliche Informationen über
unsere Autoren und Bücher
finden Sie auf unserer Website
www.dtv.de

Ungekürzte Ausgabe 2011
Deutscher Taschenbuch Verlag GmbH & Co. KG, München
© 2009 Vier-Türme GmbH, Verlag, 97359 Münsterschwarzach Abtei
Alle Rechte vorbehalten.
Umschlagkonzept: Balk & Brumshagen
Umschlagfoto: Christlicher Medienverbund
KEP e.V.
Satz: Greiner & Reichel, Köln
Druck und Bindung: Druckerei C.H. Beck, Nördlingen
Gedruckt auf säurefreiem, chlorfrei gebleichtem Papier
Printed in Germany · ISBN 978-3-423-34664-1

INHALT

EINLEITUNG*

Jedes Jahr erschüttern unterschiedliche Krisen unsere Welt. Einmal ist es die Finanzkrise, dann die Energiekrise oder politische Krisen, weil die Regierenden keine tragfähige Mehrheit mehr finden. Es gibt die Krisen, die durch Erdbeben und Reaktorkatastrophen hervorgerufen werden. Und es gibt die Krisen, die die Machtverhältnisse eines Landes durcheinanderbringen.

Krisen lösen bei manchen Menschen Untergangsszenarien aus. Alles wird schlimmer und schlechter. Die Zukunft ist dunkel. Andere verzagen angesichts der Krise. Sie verlieren den Mut. Sie haben Angst vor der Zukunft. Andere wiederum ergehen sich in Zweckoptimismus. Sie wollen die Krise nicht sehen. Sie tun so, als ob alles halb so schlimm sei. Niemand reagiert ohne Vorurteile und Vorerfahrungen auf eine Krise. Wie wir reagieren, das hängt immer auch von unseren Kindheitserlebnissen ab. Wenn uns die Eltern starkes Vertrauen darin vermittelt haben, dass sich Krisen bewältigen lassen, dann lassen wir uns durch diese nicht so leicht verunsichern. Sie bewegen uns. Aber sie fordern auch unser Denken und unser Handeln heraus.

* Für die Taschenbuchausgabe überarbeitet

Wie einer über Krisen redet, sagt immer auch etwas über ihn selbst aus. Wer angesichts einer Krise gleich vom Untergang der Welt redet, der offenbart damit, dass er mit seiner persönlichen Welt, mit seinen Möglichkeiten zu Ende ist. Er spricht damit letztlich über den katastrophalen Zustand, in dem seine Seele sich befindet. Wer sich in reinen Zweckoptimismus ergeht, der zeigt seine Angst, dass er sich den Problemen nicht stellen will.

In diesem Buch möchte ich weder ein dunkles noch ein rosarotes Zukunftsbild malen. Ich will nicht zurückschauen. Ich will vielmehr den Menschen, die jetzt mit dieser oder jener Krise konfrontiert sind, helfen, nicht den Mut zu verlieren, sondern sich unverzagt den Herausforderungen zu stellen. Dabei gehe ich nicht auf die aktuellen Krisen ein, die sich täglich ändern können. Es geht mir vielmehr um all jene Krisen, die uns immer wieder in unserem Leben treffen. Krisen gehören zum Leben. Es gibt kein Wachstum ohne Krisen. Dies gilt für das persönliche Wachstum, aber offensichtlich auch für die Entwicklung einer Gesellschaft. Viele verlieren in der Krise den Mut und ihr Vertrauen ins Leben. So möchte ich in diesem Buch allen Menschen, die von Krisen geschüttelt werden, Mut machen, der eigenen Kraft zu trauen.

Das deutsche Wort »Kraft« meint ursprünglich: Geschicklichkeit, Fertigkeit, Kunst, Handwerk. Es stammt aus einer Wurzel, die »drehen, winden, sich zusammenziehen« bedeutet. Für den Begriff der Kraft war demnach ursprünglich die Vorstellung vom Anspannen der Muskeln bestimmend. Wenn wir über Kraft sprechen, geht es aber nicht nur um Muskelkraft, sondern auch um die seelische Kraft, die im Menschen ist. Sie ist in jedem Menschen angelegt, aber er muss seine

Muskeln und seine seelischen Stärken auch anspannen, um seine Kraft zu spüren.

Viele Menschen meinen, ihre Kraft genüge nicht, um die Krise zu meistern. In der christlichen Tradition hat man in Krisensituationen und vor wichtigen Entscheidungen immer den Geist Gottes angerufen und den Heilig-Geist-Hymnus gebetet. Man vertraute darauf, dass der Heilige Geist der Gemeinschaft und dem Einzelnen Wege zeigt und Kraft schenkt, um die Krise gut zu bestehen.

»Trau deiner Kraft« bedeutet für uns Christen daher, dass wir Vertrauen haben dürfen. Wir dürfen unserer eigenen Kraft vertrauen, die Gott uns geschenkt hat. Denn unsere Kraft wird gestärkt von der Kraft des Heiligen Geistes. Der Geist ist keine fremde Kraft, sondern er fließt in unsere körperlichen und seelischen Kräfte hinein. Die Bibel bezeichnet den Heiligen Geist als »dynamis«, als Kraft, die eine innere Dynamik entwickelt und die sich voller Spannkraft den Herausforderungen des Lebens stellt. Sie hilft uns mit Fantasie, die Aufgaben zu lösen, die uns das Leben zumutet. Und die Bibel spricht vom Heiligen Geist als »energeia«, als Energie. Das griechische »Energeia« setzt sich aus den Worten »en« – auf Deutsch »in« – und »ergon« – »das Werk« – zusammen. Es meint die wirkende Kraft, die ins Werk hineinströmt und die in alles hineinwirkt, was wir tun. Energie ist gleichsam die Kraft, die wir brauchen, um unsere Arbeit zu verrichten.

Wir hoffen, dass uns die Energie nicht ausgeht. Sie ist wie eine Quelle, aus der wir schöpfen. Der eigenen Kraft zu trauen heißt, darauf zu bauen, dass der Heilige Geist uns mit seiner »dynamis« zu Hilfe kommt und unsere Kraft stärkt. Wir dürfen hoffen, dass die Energie des Heiligen Geistes in unsere

Kraft hineinströmt und sie befähigt, die Kraft in das Werk, in die Bewältigung der Krise hineinfließen zu lassen.

So möchte ich in diesem Buch die Bewältigung der Krisen, die uns in unserem Leben treffen, mit dem Nachdenken über den Heiligen Geist verbinden. Denn ich bin überzeugt, dass gerade die Besinnung auf den Heiligen Geist uns helfen kann, fantasievoller, kraftvoller und mutiger durch die Krisen zu gehen. Jesus hat uns den Heiligen Geist gesandt, damit wir an seiner Kraft teilhaben und genauso wie er durch das Leben und seine Krisen gehen können. Krisen haben ja auch im Leben Jesu nicht gefehlt, sie gipfelten vielmehr in der Krise des Kreuzes. Der Heilige Geist stärkt unsere Kraft und unseren Mut und er verleiht unserem Geist Fantasie und Kreativität, um Wege aus der Krise zu finden.

DER UMGANG MIT DER KRISE

1. Das Wesen der Krise

Das griechische Wort »Krisis« bedeutet ursprünglich: Scheidung, Sonderung, Sichtung, Auswahl. Aber es kann auch Entscheidung und Beurteilung sowie den Ausgang und die Lösung eines Konflikts meinen. Für den griechischen Arzt Hippokrates bedeutet Krise »die ausschlaggebende Phase einer Krankheit« (Cottier 13). Man spricht deshalb auch von der kritischen Phase. Sie ist »die entscheidende Phase einer Krankheit, in der sich die Wende zum Besseren oder Schlechteren, zu Leben oder Tod, vollzieht. In der also die Entscheidung über den Verlauf fällt, aber noch nicht gefallen ist« (Schnurr 61). Lange Zeit wurde Krise nur im medizinischen und militärischen Bereich (als die kritische Phase in einer Schlacht) verwendet. Doch dann haben sich die Historiker und die Soziologen dieses Begriffes angenommen. »Für die Historiker bedeutet Krise eine Erschütterung, ein Infragestellen auf verschiedenen Ebenen, sie bedroht einen bisher feststehenden und unwandelbar scheinenden Zustand; sie bedroht Einrichtungen und Bräuche, das politische Gleichgewicht oder die Unerschütterlichkeit der Glaubensüberzeugungen und der Werte, von denen die Zivilisation lebt« (Cottier 13).

Die Krise kann demnach eine ganze Gesellschaft erschüttern und infrage stellen. Sie stellt aber vor allem auch den einzelnen infrage und bedroht sein inneres Gleichgewicht.

In der Geschichte hat man verschiedene Zeiten als größte Krise der Menschheitsgeschichte bezeichnet. So sagte Henri de Saint-Simon im Jahre 1813: »Die menschliche Gattung befindet sich verwickelt in eine der größten Krisen, die sie seit dem Ursprung ihrer Existenz eingesteckt hat.« Oder 1931 schrieb Karl Jaspers in seinem Buch ›Die geistige Situation der Zeit‹, dass »jetzt in jeder Zeitung von Krise die Rede« sei. Damals sprach man über die Kulturkrise, die Wertekrise, die Vertrauenskrise und die Sinnkrise. Und schon damals drückte man die Hoffnung aus, dass aus der Krise Neues entstehen werde. Teilhard de Chardin, der französische Naturforscher und Jesuit, sprach von der »Kraft der Verzweiflung«, die aus der Krise entspringt. Für Friedrich Nietzsche kann die Krise zum »Stimulans des Lebens«, zum »Mehrleben« werden. Doch Nietzsche fügt hinzu: »Nur muss man gesund genug für dieses Stimulans sein.«

Die Frage ist, ob wir persönlich und ob unsere Gesellschaft gesund genug ist, um in der Krise unserer Zeit das Stimulans zu erfahren und zum Mehrleben zu finden.

Die Psychologie hat das menschliche Leben als eine ständige Folge von Reifungs- und Werdenskrisen beschrieben. Da gibt es die Krise der Geburt, die Krise der Pubertät, der Lebensmitte, der Pensionierung, des Alterns und des Lebensendes. Diese Krisen gehören zum Wachstumsprozess des Lebens. Man spricht hier von normativen Krisen. Daneben gibt es Einbruchskrisen, die von außen auf uns zukommen: Naturkatastrophen, Unfälle, Krieg, Arbeitslosigkeit, Verbrechen, Tod eines lieben Menschen. Die Philosophen sprechen zudem von einer Krise der Vernunft, in die unsere Zeit geraten sei (vgl. Cottier 38). Und es gibt die sogenannten kathartischen Krisen: die sittlichen Krisen der Läuterung, Erneuerung und Wandlung.

In der Krise geraten wir unter zunehmenden seelischen Druck und suchen nach Auswegen aus der unangenehmen Lage. Wenn wir die Krise bewältigen, haben wir einen echten Reifungsschritt vollzogen. Aber es besteht auch die Gefahr, die Krise unangemessen zu kompensieren.

H. Häfner hat das sogenannte Störungsmodell für die Krise entworfen. »Eine Krise tritt ein, wenn das seelische Gleichgewicht gestört wird, d. h., wenn die stabilisierenden Mechanismen versagen« (Schwermer 459). Wer einem anderen Menschen in der Krise beistehen möchte, sollte sich fragen, wie die die Krise auslösenden Belastungen reduziert werden können, was dem Betroffenen an Anstrengungen zugemutet werden kann und welche Strategien der Krisenbewältigung zur Verfügung stehen. Der eine kennt spirituelle Wege, um seine Krise zu bearbeiten, der andere sucht Hilfe bei einem Arzt oder Therapeuten. Wieder ein anderer greift auf die eigenen Ressourcen zurück, die in ihm liegen. Die Krise ist auf jeden Fall eine Herausforderung an den Einzelnen, der er sich stellen muss.

Der deutsche Mystiker Johannes Tauler hat beschrieben, wie manch einer vor der Krise Angst hat und daher vor ihr davonläuft. Er stellt sich der inneren Unruhe nicht, die die Krise auslöst, sondern verlagert sie nach außen – beispielsweise indem er entweder die anderen ständig verändern will oder indem er alle drei Jahre einem anderen Guru nachläuft. Damit aber verweigert er den Schritt, den die Krise verlangt. Er versteift sich auf seine Prinzipien, wird hart und unflexibel. Er verweigert die Reifung und Verwandlung, zu der ihn die Krise herausfordern will.

Die Psychologie sagt uns, dass jede Krise – seien es die persönlichen Krisen, seien es die wirtschaftlichen oder gesellschaftlichen Krisen oder die Krisen der Vernunft – letztlich eine Identitätskrise ist. Es geht immer darum, eine neue Identität zu finden: Wer bin ich angesichts der Krise, in die ich geraten bin? Jede Krise macht etwas mit mir und stellt mich infrage. Ich kann nicht einfach so wie bisher weiterleben.

Viele Menschen stellen sich dieser Frage nach ihrer Identität nicht. Sie verdrängen die Frage oder betäuben sie. In jeder Krise – so sagen die Philosophen – rücke man von bisher Gültigem ab und wende sich Neuem zu. Aber zugleich greift man auch auf frühere Einsichten und Vorstellungen zurück, die man als Ideal ansieht (vgl. Cottier 56).

Schon in früheren Zeiten hat man Modelle entworfen, wie wir auf die Krise reagieren sollen, ohne sie zu verdrängen oder aus lauter Angst vor ihr zu flüchten. Die Lateiner sprechen von: »per aspera ad astra« – »durch das Harte und Beschwerliche hin zu den Sternen«. Die Griechen sprachen davon, dass Lernen immer auch Leiden ist. Der Hebräerbrief hat dieses griechische Wortspiel (»mathein«/»pathein«) auf Jesus angewandt: »Obwohl er der Sohn war, hat er durch das Leiden den Gehorsam gelernt« (5,8). Friedrich Hölderlin hat seine Reaktion auf die Krise in das geflügelte Wort gekleidet: »Wo aber Gefahr ist, wächst das Rettende auch.« All diese Worte wollen den Menschen Mut machen, vor der Krise nicht davonzulaufen, sondern sich ihr zu stellen.

2. Die Krise als Chance

Die Psychologie spricht davon, dass jede Krise – sowohl die normalen Krisen als auch die Einbruchskrisen – zu einer Werde- und Reifungskrise werden kann. Der Psychologe Josef Schwermer meint: In der Krise kommt der Mensch »unter zunehmenden seelischen Druck und sucht nach Auswegen aus der unangenehmen Lage, ohne zu einer Lösung zu kommen. Am Ende steht im glücklichen Falle eine Erweiterung des Repertoires der Bewältigungsstrategien (der Lebens- und Überlebenstechniken), also ein echter Reifungsschritt. Im unglücklichen Falle rettet sich die Person mit unangemessenen Kompensierungen über die Runden, wenn nicht gar das ganze seelische System zusammenbricht« (ebd. 458). Es ist nicht selbstverständlich, dass die Krise zu einer Reifungskrise wird. Es kann auch sein, dass der Mensch in der Krise zusammenbricht. Dies geschieht vor allem dann, wenn er die Krise als etwas bewertet, was gar nicht sein darf, wenn er sie als persönliche Schuld ansieht oder aber wenn er sie verdrängt und kompensiert. Kompensation löst die Krise nicht, sondern verschärft sie nur. Formen der Kompensation können der Ausweg in eine Spiritualität sein, die die Augen vor den Realitäten der Welt verschließt, oder ein leerer Aktivismus oder aber die Flucht in das Vergnügen. Die Süßwarenindustrie stellt beispielsweise fest, dass die Menschen in Zeiten der Krise mehr Schokolade oder andere süße Sachen essen.

Die Krise ist immer dadurch gekennzeichnet, dass das bisherige seelische Gleichgewicht gestört wird. So muss der Mensch versuchen, ein neues Gleichgewicht herzustellen. Die Krise ist daher eine Chance, sich gleichsam neu auszubalancieren. Das Fremdwort »Chance« kommt ursprünglich aus dem Lateinischen und dann aus dem Französischen und meint den glücklichen Fall der Würfel beim Würfelspiel. Die Krise als Chance meint, dass die Herausforderung glücklich ausgeht, dass die Würfel unseres Lebens gut fallen und wir einen Zugewinn an Kraft und Erfahrung bekommen.

Aber die Krise geht nicht automatisch gut aus. Sie verlangt von uns eine Antwort und einen Schritt hin zu mehr Reifung. Es liegt in unserer Verantwortung, wie wir auf die Krise reagieren. Wir können resignieren oder einfach so weitermachen, als ob es keine Krise gäbe. Oder aber wir können die Herausforderung als Chance sehen, unser Leben auf eine neue Basis zu stellen, und in uns neue Möglichkeiten entdecken.

Das menschliche Leben vollzieht sich in ständigen Krisen. Die Krisen werden gut bewältigt, wenn wir in ihr neue Möglichkeiten entdecken, eine neue Sichtweise unseres Lebens finden und neue Verhaltensweisen einüben, mit denen wir auf die aktuellen Herausforderungen reagieren. Wenn diese Reifungsschritte nicht getan werden, dann führt die Krise in die Krankheit, dann macht sie uns körperlich oder seelisch krank.

Wenn wir die Krise als Chance entdecken, dann werden wir in uns neue Möglichkeiten des Lebens entwickeln. Wir werden neue Erkenntnisse haben. Unsere Maßstäbe werden sich ändern. Wir werden durch die Krise klüger. Für den Mystiker Johannes Tauler ist die Krise eine Chance, dass Gott uns in den Seelengrund führt. Tauler spricht von der Krise der Lebensmitte, in der sich viele Menschen eingerichtet haben: Sie kennen sich im Beruf aus. Sie haben eine Familie gegründet, ein Haus gebaut. Aber sie gehen im Äußeren auf. In dieser Situation aber bringt Gott die Menschen selbst in ein »Gedränge«. Gott macht es wie die Frau im Gleichnis (vgl. Lk 15,8–10). Sie stellt die Stühle auf den Tisch, verrückt die Schränke, um die verlorene Drachme – gemeint ist: das Bild des wahren Selbst – zu finden. Damit der Mensch sich selbst findet, führt ihn Gott in die Krise. Tauler sieht die Krise demnach als Chance, Gott an sich handeln zu lassen und sich von Gott in den Grund seiner Seele führen zu lassen.

Bekannt ist, dass die Chinesen ein Zeichen haben, das zugleich Krise wie Chance bedeutet. Damit die Krise aber zur Chance wird, braucht es unsere Mitarbeit.

Wichtig ist zunächst die richtige Reaktion. Wer die Krise verdrängt oder betäubt, den wird sie innerlich zerbrechen. Nur wer die Krise an sich heranlässt und sich fragt, was sie ihm zu sagen hat, kann daraus lernen.

Der entscheidende Lernschritt ist dann die Frage nach der eigenen Identität. Die Finanzkrise beispielsweise zeigt mir, dass ich mich nicht vom Geld oder vom Wohlstand oder von einem sicheren Arbeitsplatz her definieren kann. Ich brauche ein anderes Selbstbild. Letztlich werde ich die Krise nur bewältigen, wenn ich den haltenden Grund meines Lebens in meiner Seele oder in Gott finde. Jesus spricht vom Haus auf dem Felsen (vgl. Lk 6,48). Wir sollen unser Lebenshaus auf Gott bauen. Er ist ein Fels, der unserem Haus Bestand verleiht. Dann können die Stürme der Krise heranbrausen oder die Wasser und Wogen der Katastrophe über uns hereinbrechen. Sie werden das Haus nicht zum Einsturz bringen. Wer aber sein Haus auf dem Sand von Illusionen aufbaut, wird es zusammenbrechen sehen, sobald eine Krise die Grundfesten des Hauses erschüttert. Solche Illusionen zeigen sich etwa in folgenden Formulierungen: »Ich kann mein Leben absichern.« »Ich kann mir das Glück durch äußeren Wohlstand garantieren.« »Ich habe immer Erfolg.« »Mein Leben liegt in meiner Hand.«

Viele Menschen haben mir erzählt, dass sie durch eine Krise auf einen neuen Weg gebracht wurden und einen großen Reifungsschritt gemacht haben. Ein krebskranker Mann etwa ist inzwischen dankbar, dass der Krebs ihn heimgesucht hat. Denn die Krankheit hat ihm die Augen geöffnet für das, was wirklich im Leben zählt. Er hat seine Lebensweise umgestellt. Er ernährt sich bewusst und achtet auf seinen Lebensstil. Und er hat sich auf einen neuen spirituellen Weg eingelassen. Eine Frau kam durch eine Angsterkrankung in eine Krise. Auch sie ist im Nachhinein froh, weil sie so die Angst machende Frömmigkeit ihrer Kindheit hinter sich lassen und sich zu einer neuen spirituellen Weite öffnen konnte.

3. Arten der Krise

Die Psychologie hat verschiedene Krisen im Laufe des menschlichen Lebens ausgemacht und beschrieben. Ich möchte einige dieser Krisen anhand biblischer Bilder und Texte beschreiben. Die Bibel weiß um die Krisen des Menschen. Sie beschreibt sie nicht wissenschaftlich, sondern in Bildern. Bilder lassen uns etwas vom Wesen der Krise aufleuchten und weisen zugleich einen Weg aus der Krise.

Negative Selbstbilder können die Ursache mancher Krise sein. Daher bedarf es angemessener Bilder, um die Krise zu überwinden. In der Bibel finden wir beides: die Bilder für die Krise und heilende Bilder, die aus der Krise herausführen.

Die Krise der Pubertät

Da die Leser und Leserinnen meiner Bücher zum größten Teil erwachsene Menschen sind, möchte ich die Pubertätskrise nur kurz beschreiben. Pubertierende werden meine Texte kaum lesen. Aber auch die Eltern pubertierender Söhne und Töchter sind von dieser Krise betroffen.

In der Pubertät geht es darum, die Kindheit hinter sich zu lassen und eine neue Identität als Jugendlicher zu finden. Diese Phase ist mehr als eine Rebellion gegen die Eltern. Die Jugendlichen sind verunsichert. Sie möchten sich von den Eltern lösen, brauchen aber auf der anderen Seite die Eltern als Stütze. So ist ihr Verhalten oft genug ambivalent. Sie wechseln zwischen Anlehnungsbedürfnis und schroffer Abweisung, zwischen Isolierung und Abschottung auf der einen und dem Bedürfnis, über ihre Probleme zu sprechen, auf der anderen Seite.

Der Evangelist Lukas schildert uns diese Pubertätskrise in der Szene vom zwölfjährigen Jesus im Tempel (vgl. Lk 2,41–52). Jesus hatte sich mit zwölf Jahren von den Eltern abgesetzt. Er war nicht mehr der folgsame Junge, der alles tat, was die Eltern sagten. Er blieb einfach im Tempel zurück und diskutierte mit den Schriftgelehrten. Er hörte nicht nur zu, er stellte den Lehrern vielmehr Fragen. Er ließ nicht mehr alles gelten, was ihm verkündet wurde. Er stellte es infrage. Aber er ließ sich auch selbst fragen und gab Antworten, über die die Lehrer staunten. Seinen Eltern mutete er zu, dass sie ihn drei Tage voller Angst suchten. Als seine Eltern ihn schließlich fanden, waren sie sehr betroffen. Seine Mutter fragte ihn vorwurfsvoll: »Kind, wie konntest du uns das antun? Dein Vater und ich haben dich voll Angst gesucht« (Lk 2,48). Doch Jesus geht gar nicht auf ihre Angst und ihren Vorwurf ein. Er stellt ihnen eine Frage: »Wusstet ihr nicht, dass ich in dem sein muss, was meinem Vater gehört?« (Lk 2,49) Die Eltern verstehen nicht, was Jesus meint. Sie spüren, dass ihr Sohn ihnen fremd geworden ist. Es ist etwas in ihm, wozu sie keinen Zugang haben. Sie können nicht mehr über ihn verfügen. Sie müssen ihn seinen Weg gehen lassen.

Was Lukas hier schildert, geschieht in ähnlicher Weise in jeder Pubertätskrise. Der Sohn oder die Tochter tut etwas, was die Eltern nicht verstehen und sie verletzt. Die Eltern verstehen ihre Kinder nicht, die doch bisher immer so brav waren. Es bricht etwas in die Kinder ein, über das die Eltern nicht mehr verfügen können. Das ist oft genug schmerzlich. Und viele Eltern haben Angst, dass ihre Kinder das Leben nicht schaffen. Wenn die Eltern leistungsorientiert waren, verweigern die Kinder in der Pubertät die Leistung. Sie leben in den Tag hinein und übernehmen keine Verantwortung für ihr Leben. Sie wollen zwar ihren Weg gehen, aber sie wissen nicht, wohin er geht. Und sie rechnen damit, dass die Eltern ihre immer unersättlicher werdenden Bedürfnisse erfüllen. Auf der einen Seite wollen sie erwachsen sein. Auf der anderen Seite aber bleiben sie Kinder mit riesigen infantilen Ansprüchen an die Eltern.

Lukas beschreibt aber auch einen Weg aus der Krise. Maria und Josef machen dem Kind keinen Vorwurf. Sie nehmen ihn mit nach Nazaret. Von Maria wird gesagt: Sie »bewahrte alles, was geschehen war, in ihrem Herzen« (Lk 2,51). Im Griechischen steht hier das Wort: »diaterein«, das »durchschauen, auf den Grund schauen« bedeutet. Maria versuchte demnach, in die Worte und in das Geschehen hineinzuschauen, um ihren Sohn zu verstehen. Sie urteilt nicht, sondern nimmt alles, was sie von ihrem Sohn sieht und hört, in ihr Herz auf, um es dort anzuschauen und ihm auf den Grund zu sehen.

Von Jesus aber wird gesagt: »Er kehrte mit ihnen nach Nazaret zurück und war ihnen gehorsam« (Lk 2,51). Jesus blieb also nicht in der Rebellion. Nach außen hin ordnete er sich unter. Aber dennoch ging er seinen eigenen Weg: »Jesus aber wuchs heran, und seine Weisheit nahm zu, und er fand Gefallen bei Gott und den Menschen« (Lk 2,52). Das klingt sehr harmonisierend. Aber die Weisheit, die in Jesus zunahm, war den Eltern sicher nicht immer verständlich. Dennoch fand Jesus Gefallen, nicht nur bei Gott, sondern auch bei den Menschen.

Es ist ein Hoffnungsbild für alle Eltern pubertierender Söhne und Töchter, dass durch alle Krisen hindurch die Kinder Weisheit lernen und dass sie ihren Weg finden: einen Weg, der auch vor den Menschen Gefallen findet.

Die Krise der Identität

Viele junge Erwachsene erleiden zwischen dem 20. und 23. Lebensjahr eine Identitätskrise. Nach der Pubertät haben sie ihren Weg gefunden. Sie haben Abitur gemacht oder eine Lehre abgeschlossen. Bisher war alles in Ordnung. Doch jetzt zweifeln sie auf einmal an ihrer Identität. Bei Studenten ist diese Identitätskrise besonders ausgeprägt. Im Gymnasium nahm alles seinen geregelten Lauf. Doch jetzt müssen sie sich selbst im Studium zurechtfinden. Im Gymnasium wussten sie, was sie konnten. Gerade Schüler, die sehr gute Noten hatten, tun sich jetzt auf einmal schwer, weil sie nicht mehr die Besten sind oder weil sie nicht einschätzen können, wo ihre Leistung momentan steht. Das verunsichert sie.

Noch eine andere Aufgabe stellt diese Phase für die jungen Erwachsenen dar. Sie sollen die Distanz zu anderen Menschen überwinden und eine intime Beziehung aufbauen. In der Pubertät hat man sich in der Gruppe wohlgefühlt. Oder man hatte Freundinnen, mit denen man etwas unternahm. Doch nun geht es darum, eine wirkliche Beziehung aufzubauen. Viele fühlen sich dadurch verunsichert. Denn ich kann nur eine Beziehung zu einer jungen Frau oder einem jungen Mann aufbauen, wenn ich mir meiner eigenen Identität bewusst bin, wenn ich weiß, wer ich bin, und wenn ich mich dem anderen zutraue. Die Bindungsangst vieler junger Menschen hat in dieser Angst vor Nähe und in der Angst, sich selbst in seiner Begrenztheit zeigen zu müssen, ihren Grund. Viele sehnen sich nach Nähe. Doch sobald die Nähe zu einem Freund oder einer Freundin wächst, bekommt man Angst, der oder die andere könnte entdecken, wer ich in Wirklichkeit bin. Und meine Wirklichkeit traue ich dem anderen nicht zu. In dieser Phase reagieren manche jungen Menschen mit Depressionen. Die Depression ist ein Hilfeschrei der Seele nach innerer Klarheit und nach den Wurzeln, aus denen Menschen leben können. Denn wenn der junge Mensch an einem anderen Ort studiert oder arbeitet, verliert er oft auch die Wurzeln, aus denen er bisher gelebt hat: die Wurzeln seiner Eltern, die Wurzeln seiner Pfarrgemeinde, die Wurzeln seines Glaubens.

Wenn ich in der Bibel nach einem Bild für diese Identitätskrise suche, so fällt mir die Geschichte von der Heilung des
Besessenen von Gerasa ein (vgl. Mk 5,1–20). Da ist ein junger
Mann, offensichtlich mit starken Kräften: »Man konnte ihn
nicht bändigen, nicht einmal mit Fesseln« (Mk 5,3). Er hatte
die Normen seiner Mitmenschen hinter sich gelassen. Er war
aus dem bisher Bekannten ausgebrochen. Er hatte sich isoliert
und lebte in den Grabhöhlen. Aber bei aller Isolierung brach
er immer wieder aus. »Bei Tag und Nacht schrie er unaufhör-
lich in den Grabhöhlen und auf den Bergen und schlug sich
mit Steinen« (Mk 5,5). Er machte auf sich aufmerksam. Und
er richtete seine Aggressionen gegen sich selbst. Er war innerlich zerrissen. Er wusste nicht, wer er war und was er wollte.

Diese Ambivalenz zeigt sich auch in seinem Verhalten gegenüber Jesus. Er läuft auf ihn zu. Offensichtlich will er Hilfe.
Aber zugleich schreit er ihn an: »Was habe ich mit dir zu tun,
Jesus, Sohn des höchsten Gottes? Ich beschwöre dich, quäle
mich nicht!« (Mk 5,7) Er möchte geheilt werden und zugleich
weist er den zurück, der ihn heilen könnte. Jesus aber lässt
sich von diesem ambivalenten Verhalten nicht beeindrucken.
Er bleibt ruhig in seiner Mitte und fragt ihn: »Wie heißt du? Er
antwortete: Mein Name ist Legion; denn wir sind viele« (Mk
5,9). Man kann diese Antwort des jungen Mannes verschie-
den deuten. Sie kann aber darauf hinweisen, dass der junge
Mann seine Identität verloren hat. Er weiß nicht, wer er ist.
Er entdeckt in sich viele verschiedene Ichs. In der Psychologie spricht man dann von einer multiplen Persönlichkeit, von
einem Menschen, der in sich verschiedene Ichs hat, die un-
verbunden nebeneinanderliegen. Der junge Mann hat keine
Mitte. Er wird von verschiedenen Bedürfnissen auseinander-

gerissen. Ich erlebe heute viele junge Menschen, die zwischen Laxismus und Rigorismus hin und her schwanken. Weil sie keine Mitte haben, versuchen sie, sich in ein starres Normensystem hineinzuzwängen. Oder aber sie lassen alle Normen hinter sich und leben einfach ihre Bedürfnisse aus. In beiden Fällen spüren sie nicht sich selbst. Sie haben keine Identität.

Jesus heilt den jungen Mann, indem er sich nicht von dessen innerer Zerrissenheit beeindrucken lässt und indem er zu ihm steht. Sein Ja zu ihm gibt dem jungen Mann die Möglichkeit, nun zu sich selbst zu finden. All die unreinen Geister fahren in die Schweine, die sich dann in den See stürzen. Man könnte das so sehen, dass die vielen verschiedenen Ichs im Unbewussten versinken. Zurück bleibt der Mensch, der seine Mitte gefunden hat. Der Evangelist beschreibt diese Normalität so: »Er saß ordentlich gekleidet da und war wieder bei Verstand« (Mk 5,15). Er wird vom Verstand bestimmt – oder wie es in der lateinischen Übersetzung das »sanae mentis« meint – »sein Verstand ist gesund geworden«.

Was damals in Gerasa geschehen ist, geschieht heute in der Eucharistiefeier. Ich komme mit meiner inneren Zerrissenheit beim Kommuniongang auf Jesus zu und halte ihm in der Hand meine Wahrheit hin. Jesus fragt mich: »Wer bist du?« Und er gibt mir selbst die Antwort: »Mein Leib für dich.« Indem er sich mir gibt, finde ich zu meiner Identität.

Menschen, die ihre eigene Identität verloren haben und darin verunsichert sind, brauchen jemanden, der zu ihnen steht und die Krise mit ihnen durchsteht. Und sie brauchen einen, der für sie einsteht, der sich für sie einsetzt und sein Leben – wie Jesus – für sie aufs Spiel setzt.

Die Krise der Vernunft

Was die Philosophie heute die Krise der Vernunft nennt, das finden wir in der biblischen Geschichte von Jakob (vgl. Gen 27 ff.) wieder. Die Philosophie versteht unter dieser Krise ein Denken, das nicht mehr der Wirklichkeit entspricht, das sich verselbstständigt hat und daher auf Irrwege geraten ist. Jakob steht für ein Denken, das andere austricksen will, um die eigenen Bedürfnisse zu erfüllen. Dies ist ein Denken, das sich von der eigenen Wahrheit löst.

Jakob ist der schlaue Mensch, der sich mit seinem pfiffigen Verstand Vorteile gegenüber seinem behäbigeren Bruder Esau verschafft. Esau ist der behaarte Naturmensch, der auf seine körperliche Kraft baut. Er ist der Schattenbruder des Jakob. Jakob scheint erfolgreicher zu sein. Er überlistet seinen Bruder, indem er ihm das Erstgeburtsrecht abkauft und dann den väterlichen Segen erschleicht. Er kämpft sich mit seiner Schlauheit durch das Leben.

Allerdings bekommt er auf einmal Angst vor seinem dunklen Bruder. Er flieht in die Wüste. Dort träumt er den Traum von der Himmelsleiter. Jetzt tritt Neues in sein Leben ein. Er kommt in Berührung mit seinem Unbewussten. Im Traum verheißt ihm Gott, dass sein Leben gelingen und vielen Nachkommen zum Segen gereichen wird.

Sein Schwiegervater Laban versucht, Jakob auszutricksen: Jakob scheint zu unterliegen. Vierzehn Jahre lang muss er für seinen Schwiegervater arbeiten. Doch zuletzt zahlt es ihm Jakob wieder heim. Er nimmt einen Großteil seines Besitzes mit. Doch nun auf dem Heimweg überfällt den so erfolgreichen Jakob auf einmal die Angst. Es wird ihm gemeldet, dass sein Bruder Esau naht. Jetzt kann er ihm nicht mehr ausweichen. Jetzt ist die Flucht kein Ausweg mehr. Er muss sich stellen und durch die Krise hindurchgehen.

Jakob schafft seine Frauen und Kinder und seine Herden über den Fluss und bleibt dann alleine zurück. Dort ringt er die ganze Nacht hindurch mit einem Mann. Jakob weicht nicht mehr aus. Er stellt sich dem Kampf. Und keiner kann den anderen besiegen. »Als der Mann sah, dass er ihm nicht beikommen konnte, schlug er ihn aufs Hüftgelenk.« (Gen 32,26) Die Hüfte ist Symbol für seine Manneskraft. Dort wird er verletzt. Aber gerade als Verletzter wird er gesegnet. Und er bekommt einen neuen Namen. Nicht mehr Jakob, der Betrüger, sondern Israel, Gottesstreiter, ist sein Name. Jakob ist in dem dunklen Mann seinem eigenen Schatten begegnet. Er hat mit seinem Schatten gerungen. Und in diesem Schatten ist Gott ihm selbst begegnet und hat ihn gesegnet. Jakob kämpft mit dem dunklen Mann, ohne zu wissen, ob er diesem Kampf standhalten kann. Der Kampf hätte auch tödlich ausgehen können. Aber der Kampf wird ihm zum Segen. Er wird zwar verwundet, aber gerade als der Verwundete wird er zum Segen vieler Menschen.

Die Bibel beschreibt die neue Kraft, die dem Jakob aus der Krise zuströmt, in einem schönen Bild: »Die Sonne schien bereits auf ihn, als er durch Penuel zog; er hinkte an seiner Hüfte« (Gen 32,32). Die Sonne ist Bild für das neue Leben des Jakob. Nach dem nächtlichen Kampf mit dem eigenen Schatten wird sein Leben hell. Weil er sich seiner Dunkelheit gestellt hat, kann Gott nun alles in ihm erleuchten. Er braucht seinen Schatten nicht mehr zu verdrängen. Jakob zieht durch die Furt des Jabbok. Einen Fluss zu durchschreiten bedeutet im Traum immer, einen neuen Lebensabschnitt beginnen. Jakob lässt seine Vergangenheit hinter sich und zieht in eine neue verheißungsvolle Zukunft. Aber er hinkt an der Hüfte. Seine Körperkraft ist zwar verletzt, seine psychische Kraft aber ist dadurch offensichtlich stärker geworden. Denn jetzt ist er reif, seinem Bruder Esau ohne Angst zu begegnen. Beide umarmen sich und versöhnen sich miteinander. Weil er sich in der Krise seinem eigenen Schatten gestellt hat, ist er innerlich gewachsen und fähig geworden, sich auch mit dem Menschen auszusöhnen, vor dem er bisher davongelaufen ist. Die Krise hat einen Reifungsschritt ausgelöst, in dem bisherige Lebensmuster aufgegeben wurden.

Die Krise des Jakob erinnert uns daran, wie wir unseren Verstand oft einseitig benutzen, um unsere Ziele zu verfolgen. Wir sind nicht bereit, die Wahrheit zu erkennen. Vor allem aber will unser Verstand die eigenen Schattenseiten nicht wahrhaben. Wir benutzen ihn nur dazu, alles in uns und in unserer Umgebung in den Griff zu bekommen. Aber wir stellen uns nicht der Wahrheit. Es gibt heute viele solcher Menschen, die nach außen hin zwar den Eindruck machen, dass sie glasklar denken. Aber ihr Denken ist nur der Versuch, der eigenen Wahrheit aus dem Weg zu gehen. Das eigene Denken wird zu einem Machtmittel, aber nicht zu einem Weg, der Wahrheit zu begegnen. Wenn wir die Wahrheit erkennen wollen, kommen wir an den eigenen Schattenseiten nicht vorbei. Das gilt für den Einzelnen. Das gilt auch für eine Gemeinschaft, für eine Firma, ja für die ganze Gesellschaft. Wenn das Denken sich von der Wirklichkeit abhebt, werden all die unbewussten Schattenseiten auf einmal das Denken überschwemmen und es völlig irrational werden lassen.

Die Krise zwingt uns, uns unseren Schattenseiten zu stellen und sie anzuschauen. Das wird ein heilsamer Weg für unsere Umgebung sein. Wenn wir aber vor dem eigenen Schatten davonlaufen, werden wir ihn auf die anderen um uns herum projizieren. Dann führen wir Schattenkämpfe, die nicht weiterführen, sondern die gleichsam im dichten Nebel enden. Wir werden mit unserem Schatten die Familie, die Firma, die Gemeinde, die Gesellschaft einnebeln. Wenn wir dagegen durch die Krise hindurch zu unserer eigenen Wahrheit vorstoßen, dann klärt sich auch etwas in unserer Umgebung, dann kann von uns Segen, Heilung und Heil ausgehen.

Die Krise der Lebensmitte

Die Krise der Lebensmitte hat als Erster der Psychologe Carl Gustav Jung beschrieben. Jung meint, dass die Menschen in der ersten Lebenshälfte oft einseitig nur einen Pol leben, zum Beispiel nur den Verstand und den Willen, und das Gefühl verdrängen. Oder aber sie leben nur das Pflichtbewusstsein und vergessen dabei, dass sie auch selbst Bedürfnisse haben.

Schon lange vor C. G. Jung hat der deutsche Mystiker Johannes Tauler von der Krise der Lebensmitte gesprochen. Er spricht von der Krise, die religiöse Menschen um das vierzigste Lebensjahr herum ergreift. In dieser Krise schmeckt einem das bisherige geistliche Leben nicht mehr. Man »funktioniert« nur noch. Man erfüllt auch seine religiösen Pflichten. Aber es fehlt das Berührtwerden durch Gott.

Im weltlichen Bereich zeigt sich diese Krise in der Frage: »Soll das alles gewesen sein?« Man spürt, dass man beruflich oder familiär nichts Neues erreichen kann. So fragt man sich, was den Wert des Lebens eigentlich ausmacht. Und die Lebensmitte ist eine Verunsicherung, weil all das bisher Verdrängte und Unterdrückte sich nun auf einmal in Gefühlen, in Träumen und oft genug auch in körperlichen Symptomen äußert.

Die Geschichte vom Gang Jesu auf dem Wasser (vgl. Mt 14,22–33) beschreibt, wie die Krise der Lebensmitte aussehen kann. Das Boot, in dem die Jünger über den See fahren, wird von den Wellen hin und her geworfen. Denn es herrscht Gegenwind. Das Boot steht für das Ich des Menschen. In der Lebensmitte gerät das Ich in Turbulenzen. Die Wogen und Wellen stehen für das Unbewusste, das das Ich überschwemmt. Der Gegenwind kann die Infragestellung durch den Ehepartner oder durch die Kinder oder auch berufliche Probleme sein. Bisher war man überall beliebt. Jetzt auf einmal wird Kritik darüber laut, dass man einseitig lebt.

Da hat sich beispielsweise ein Mann für seine Firma aufgeopfert. Aber die Leute lohnen es ihm nicht. Im Gegenteil, sie machen ihm zum Vorwurf, dass er mit der Firma verheiratet sei und gar nicht selbst lebe. Er hat es gut mit seinen Mitarbeitern gemeint, doch jetzt wird kritisiert, dass er zu viel von ihnen erwarte. Manche fallen dann innerlich zusammen. Das, wofür sie alle Kraft eingesetzt haben, erscheint ihnen nun hohl. Es wird von außen nicht gewürdigt – und nun stellen sie sich selbst die Frage, ob es wirklich so gut war, wie sie bisher gelebt haben.

»In der vierten Nachtwache kam Jesus zu ihnen; er ging auf dem See. Als ihn die Jünger über den See kommen sahen, erschraken sie, weil sie meinten, es sei ein Gespenst, und sie schrien vor Angst« (Mt 14,25 f.). Die vierte Nachtwache steht für die vierzig Jahre. Dieses Alter ist typisch für die Krise der Lebensmitte. Bei Frauen beginnt sie oft früher, bei Männern meistens später, denn Männer haben in ihrem Beruf genügend Möglichkeiten, die Krise zu überspielen. Sie stürzen sich in die Arbeit, um sich der inneren Verunsicherung nicht stellen zu müssen. Jesus, den die Jünger verehrten, kommt ihnen nun als Gespenst entgegen. Der Mensch, auf den sie ihre Hoffnung gesetzt hatten, erscheint ihnen auf einmal fremd. Sie bekommen Angst. Es ist die Angst vor dem Unbekannten, denn dieser Jesus kommt ihnen auf dem Wasser entgegen, dort, wo sie nicht mit ihm gerechnet hatten.

Gott begegnet dem Menschen in der Lebensmitte auf ungewohnte Weise. Und in der Nacht taucht in den Träumen etwas auf, das einen erschreckt. Viele leiden in der Lebensmitte an Albträumen. Albträume sind keine schlechten Träume. Sie wollen uns nur sagen: »Du musst da unbedingt einmal zu dem hinschauen, was dir im Traum entgegenkommt. Sonst klammerst du dich nur an deinem bisherigen Leben wie an einem Ruder fest. Du versuchst, mit aller Kraft durch die Krise durchzurudern. Aber du überforderst dich selbst damit.«

Als Jesus zu den Jüngern sagt: »Habt Vertrauen, ich bin es; fürchtet euch nicht! (Mt 14,27), bekommt Petrus auf einmal Mut. Er steigt aus dem Boot aus und geht über das Wasser. Doch als er dann nicht mehr auf Jesus, sondern auf die Wellen unter ihm schaut, geht er unter. Jesus ergreift ihn an der Hand und rettet ihn. Jesus sagt zu ihm: »Du Kleingläubiger, warum hast du gezweifelt?« (Mt 14,31) Es braucht in der Lebensmitte einen großen Glauben, sonst gehen wir unter. Der Glaube sagt uns, dass das Wasser trägt und dass wir in der Krise nicht untergehen. Aber wir sehen im Glauben auch, dass wir uns nicht festklammern können an unseren Rudern, an den Methoden, die wir bisher im Leben gelernt haben. Im Glauben überlassen wir uns Gott und vertrauen darauf, dass wir durch die Turbulenzen unseres Lebens hindurchkommen.

Noch eine andere Botschaft für die Überwindung der Midlife-Crisis steckt in dieser Geschichte. Nach C. G. Jung müssen wir ab der Lebensmitte den Weg in das Innere wagen, damit wir in Berührung mit unserem wahren Selbst kommen. In der Geschichte aus dem Matthäusevangelium steigt Jesus in das Boot hinein. Und als er ins Boot steigt, legt sich der Wind. Für C. G. Jung ist Jesus auch ein Archetyp des Selbst. Wir sollen vom Ego zum Selbst gelangen. Unser Ego kreist um sich selbst. Es kämpft um die eigenen Interessen. Das ist in der ersten Lebenshälfte durchaus gut. Aber in der zweiten Lebenshälfte geht es darum, die innere Mitte zu entdecken. Das Selbst in unserer inneren Mitte beinhaltet immer auch das Gottesbild. Nur wenn Christus gleichsam in mein Boot einsteigt, komme ich mit meinem wahren Selbst in Berührung. Und dann wird es trotz äußerer Turbulenzen in mir ruhig und still.

Die Krise beim Ausscheiden aus dem Beruf

Viele Menschen kommen in eine Krise, wenn sie aus dem Beruf ausscheiden. Sie haben bisher ihr ganzes Leben gearbeitet und sich von der Arbeit her definiert. Jetzt fehlt ihnen die Arbeit. Auch wenn ihnen die Arbeit zuletzt oft zur Last wurde, stürzt die Pensionierung sie nun doch in eine Krise. Die Arbeit hat ihrem Leben bisher einen guten Rhythmus gegeben. Der fällt nun weg. Sie haben ihr Selbstwertgefühl aus der

Arbeit bezogen. Jetzt wissen sie nicht, was ihr Wert ist und was ihrem Leben Sinn gibt. Vielleicht haben sie sich auf die Freiheit von der Arbeit gefreut. Sie wollten nun viel Zeit mit ihrer Frau verbringen und weite Reisen machen.

Aber nun sind Mann und Frau ständig daheim zusammen und gehen sich auf die Nerven. Sie müssen erst wieder einen neuen Rhythmus von Nähe und Distanz finden. Oder aber die Träume weiter Reisen lassen sich nicht verwirklichen, weil körperliche Krankheiten sie daran hindern. Viele fühlen sich nach der Pensionierung in ihrem Selbstwert gekränkt. Sie flüchten in den Aktivismus und beschäftigen sich ständig selbst, um nicht zum Nachdenken zu kommen. Andere verlieren jeden Schwung. Nicht einmal die kleinen Reparaturarbeiten am Haus erledigen sie, obwohl sie genügend Zeit dazu hätten. Sie lassen sich hängen und werden depressiv.

Die Bibel schildert uns diese Krise des Ausscheidens aus dem Amt in der Geschichte des Königs Saul (vgl. 1 Sam 10 ff.). Saul war vom Propheten Samuel zum König gesalbt worden. Doch weil er einen Befehl des Herrn nicht befolgt hatte, salbt Samuel David zum König. Saul weiß nichts von dieser Salbung und David tritt in den Dienst Sauls. Doch Saul wird eifersüchtig auf David, weil dieser bald beliebter ist als er. David besiegt den Riesen Goliath. Das Volk jubelt ihm zu. Das ärgert Saul. Immer wieder quält ihn ein böser Geist. Man könnte sagen: Er wird von einer Depression befallen. Er kann sein Amt nicht loslassen. Er gesteht sich nicht ein, dass seine Zeit vorbei ist. So beschließt er, David zu töten. Aber David kann fliehen. Saul hat das Gefühl, dass Gott ihn verlassen hat. Vor dem Krieg gegen die Philister befragt Saul Gott, was er gegen die Feinde unternehmen soll. Doch Gott gibt keine Antwort. Da geht Saul zur Totenbeschwörerin von En-Dor und lädt auf diese Weise noch mehr Schuld auf sich. Im Krieg fallen seine drei Söhne, darunter Jonathan, der Freund Davids. Saul wird verletzt. Er kann seine Niederlage nicht eingestehen. So stürzt er sich selbst in sein Schwert und setzt seinem Leben ein Ende.

Was die Bibel von Saul berichtet, geschieht bei vielen Menschen, die es nicht aushalten können, dass ihre Nachfolger in der Firma erfolgreicher arbeiten. Sie sind voller Eifersucht. Sie werden oft auch von einem bösen Geist heimgesucht und machen ihren Nachfolgern das Leben schwer. Und sie selbst sind todunglücklich. Sie können sich selbst nicht aushalten. So flüchten sie in den Alkohol oder in eine leere Routine. Aber sie leben selbst nicht mehr.

Die Bibel zeigt uns in der Geschichte des Saul keinen Weg aus der Krise heraus. Wir können nur an David ablesen, was uns helfen könnte, diese Krise zu überwinden. Als David alt geworden ist, zettelt sein Sohn Abschalom einen Aufstand gegen ihn an. Der König muss fliehen und wird auf der Flucht von Schimi, von einem Mann aus dem Hause Sauls, beschimpft. Als ein Diener Davids Schimi töten will, hindert ihn David daran. »Lass ihn fluchen! Sicherlich hat es ihm der Herr geboten. Vielleicht sieht der Herr mein Elend an und erweist mir Gutes für den Fluch, der mich heute trifft.« (2 Sam 16,11 f.) David stellt sich den Dingen, die er in seinem Leben verkehrt gemacht hat. Er ist bereit, loszulassen. Aber er hofft, dass das Beschimpftwerden, das er erfährt, ihm zum Segen gereicht. Er stellt sich mit seiner Trauer darüber, dass sein eigener Sohn sich gegen ihn auflehnt, unter den Segen Gottes. So kann er hoffen, dass sein Weg gut weitergeht.

In der Pensionierung geht es darum, zu betrauern, dass die Arbeit zu Ende geht und dass nicht alles so gelungen ist, wie man es erhofft hat. Man darf betrauern, dass man jetzt erst einmal nichts Besonderes mehr ist, dass man nicht mehr von allen um Rat gefragt wird und dass man in der Öffentlichkeit nichts mehr gilt. Wer das betrauert, der kann dann auch neue Möglichkeiten in seinem Leben entdecken. Er kommt mit sich selbst in Berührung. Und so erfährt er sein Leben als gesegnet. Er kann das Alte loslassen, weil er vertraut, dass Gott für ihn neue Möglichkeiten bereithält.

Viele entwickeln im Ruhestand neue Fähigkeiten. Sie engagieren sich für soziale oder kirchliche Projekte. Und sie gehen einen spirituellen Weg, werden gelassen und gütig und milde. Sie strahlen etwas aus in ihre Umgebung, das allen guttut. Sie haben die Krise als Chance genutzt und so neue Fruchtbarkeit in ihr Leben gebracht.

Die Krise der Arbeitslosigkeit

In die Arbeitslosigkeit geraten nicht alle. Aber viele haben in der Finanzkrise Angst um ihren Arbeitsplatz. Früher hatte man das Vertrauen: Wenn ich gut und hart arbeite, dann habe ich einen festen Arbeitsplatz, dann kann mir nichts passieren. Doch dieser Grundsatz gilt heute nicht mehr. Wir haben es nicht in der Hand. Sehr schnell können sich die wirtschaftlichen Verhältnisse ändern. Die Firma wird beispielsweise von einer anderen aufgekauft und die neuen Inhaber haben andere Interessen und entlassen Leute. Oder die Branche gerät in eine Krise und auf einmal werden sicher geglaubte Arbeitsplätze unsicher.

Viele Menschen genieren sich, es in der Öffentlichkeit zuzugeben, dass sie arbeitslos geworden sind. Sie empfinden diese Situation als einen Makel und sie verlieren ihr Selbstvertrauen. Sie können die freie Zeit nicht genießen, sondern empfinden sie als Leere. Sie bewerben sich immer wieder. Aber wenn man auf vierzig oder achtzig Bewerbungen immer nur Absagen erhält, dann verliert man irgendwann den Mut und die Kraft, sich noch weiter um eine Arbeit zu bemühen.

Die Arbeitslosigkeit beeinträchtigt nicht nur das Selbstwertgefühl. Es entstehen auch existenzielle Ängste. Man fragt sich, ob man das eigene Leben noch weiter so finanzieren kann, ob man etwa die Schulden für das Haus noch zurückzahlen kann oder aber ob man das Haus verkaufen muss. Der Lebensstil wird reduziert und man geniert sich zugleich, sich einzugestehen, dass man sich dieses oder jenes nicht mehr leisten kann.

In der Bibel hat Jesus ein Gleichnis erzählt, in dem es auch um Arbeitslose geht. Es ist das Gleichnis von den Arbeitern im Weinberg (vgl. Mt 20,1–16). Ein Gutsbesitzer verlässt morgens sein Haus, um Arbeiter für seinen Weinberg anzuwerben. Das war damals so üblich. Er findet auch sofort Arbeiter, mit denen er den üblichen Tageslohn von einem Denar vereinbart. Der Gutsherr geht um die dritte, sechste und neunte Stunde nochmals auf den Markt, um weitere Arbeiter zu finden. Was für damalige Verhältnisse aber völlig unverständlich ist – der Gutsherr geht auch um die elfte Stunde, also eine Stunde vor Arbeitsschluss, nochmals auf den Markt. Da trifft er auf Männer, die immer noch ohne Arbeit sind. Er spricht sie an: »Was steht ihr hier den ganzen Tag untätig herum? Sie antworteten: Niemand hat uns angeworben« (Mt 20,6 f.).

Hier wird das Phänomen der Arbeitslosigkeit gut beschrieben. Die Arbeitslosen stehen den ganzen Tag müßig herum. Sie sind nicht faul. Aber sie sind hilflos. Niemand wollte sie haben. Niemand hat sie angeworben. Sie sind ja extra auf den Markt gegangen, um Arbeit zu finden. Jesus spielt mit diesem Gleichnis auf die große Arbeitslosigkeit an, die zu seiner Zeit in Palästina herrschte. Der Geschichtsschreiber Josephus berichtet von Notstandsarbeiten, die man in Jerusalem unternahm, um die vielen Arbeitslosen zu beschäftigen.

Der Gutsbesitzer geht mit den Arbeitslosen gut um. Er beschäftigt auch die Männer, die zuletzt kommen, in seinem Weinberg. Und er zahlt ihnen den gleichen Lohn aus wie denen, die von der ersten Stunde an gearbeitet haben. Das macht diese wiederum neidisch. Diese Pointe des Gleichnisses bezieht sich nicht auf die Arbeitslosigkeit, sondern auf unser Dasein vor Gott. Aber die Verhältnisse, die Jesus hier schildert, gleichen den unseren sehr gut. Auch bei uns schimpfen die Menschen, die Arbeit haben, oft auf die Arbeitslosen. Sie tun so, als ob sie keine Arbeit suchen würden und auf Kosten der Gesellschaft leben wollten. Viele wollen die Not nicht sehen, die die Menschen haben, die untätig herumstehen, die arbeiten möchten, aber nicht können, weil niemand sie mehr will. Gerade älteren Arbeitnehmern geht das so. Sie haben mit 58 Jahren keine Chance mehr, irgendwo Arbeit zu finden. Sie werden nicht mehr gebraucht, obwohl sie viele Fähigkeiten haben.

Jesus zeigt im Gleichnis keinen Weg aus der Krise der Arbeitslosigkeit auf – außer dass er dem Gutsbesitzer Fantasie bescheinigt, das Problem für die paar Menschen zu lösen, die er in seinem Weinberg beschäftigt.

Doch von der geistlichen Tradition her gibt es einige Wege, die helfen können, die Krise der Arbeitslosigkeit zu bestehen. Da ist einmal eine gute Tagesstruktur mit gesunden Ritualen. Das gibt mir das Gefühl, dass ich selbst lebe, anstatt gelebt zu werden. Zum anderen ist es wichtig, sein Selbstwertgefühl nicht von der Arbeit abhängig zu machen. Dabei hat der Glaube eine wichtige Aufgabe. Er gibt mir das Gefühl, dass ich von Gott bedingungslos geliebt bin. Mein Wert hängt nicht von dem ab, was ich leiste, sondern von Gott, der mir als Mensch meine unantastbare Würde verleiht. Zum Dritten ist es sinnvoll, die Arbeitslosigkeit aktiv zu nutzen, indem ich mich etwa fortbilde, indem ich studiere oder etwas Sinnvolles tue – entweder im Haus etwas repariere oder den Garten pflege oder aber mich sozial betätige.

Die Krise durch Krankheit

Jede Krankheit stellt eine Krise dar. Auch kleine Erkältungskrankheiten bringen uns durcheinander. Sie lähmen uns in unserer Arbeit. Wir fühlen uns lustlos. Die Stimme geht nicht so, wie wir das gerne hätten.

Aber das sind nur die kleinen Krisen, die von alleine wieder vergehen. Eine stärkere Krise ist, wenn uns eine Krankheit aus heiterem Himmel trifft. Ein Mann war nie krank. Er hat nie in der Arbeit gefehlt. Jetzt ist er von einem Tag auf den anderen krank geworden. Der Krebs hat ihn gepackt. Er weiß nicht, ob er den Krebs überleben wird. All seine Pläne, die er mit dem Leben hatte, werden durchkreuzt. Er hatte gedacht, dass er immer gesund gelebt hätte. Jetzt sucht er in seinem Leben nach Gründen für seine Krankheit. Doch die Suche nach den Ursachen hilft ihm nicht weiter. Sie vermittelt ihm nur Schuldgefühle, die ihn noch weiter nach unten ziehen. Die Krankheit widerfährt ihm. Er muss sich ihr stellen.

Statt nach den Ursachen zu suchen, ist es sinnvoller, die Krankheit zu befragen, was sie einem sagen möchte. Die Krankheit zwingt mich, mich mit der Brüchigkeit meines Lebens auszusöhnen. Sie zeigt mir, was mein eigentlicher Wert ist. Aber um dorthin zu gelangen, gehe ich erst durch Selbstzweifel und Schuldgefühle, durch Verzweiflung und Angst hindurch.

Die Bibel berichtet uns von der Krise der Krankheit in der Geschichte von König Hiskija. Auf einmal wurde er schwer krank und war dem Tode nahe. Gott sendet ihm den Propheten Jesaja und lässt ihn sagen: »Bestell dein Haus; denn du wirst sterben, du wirst nicht am Leben bleiben« (Jes 38,1). Hiskija dreht sich zur Wand und betet zu Gott, er habe doch sein Leben lang Gott mit aufrichtigem Herzen gedient. So möge Gott ihm sein Leben verlängern. Gott gewährt ihm diese Bitte. Welche Krise die Krankheit im König ausgelöst hat, zeigt sein Gebet, das er nach der Gesundung betet: »In der Mitte meiner Tage muss ich hinab zu den Pforten der Unterwelt, man raubt mir den Rest meiner Jahre ... Meine Hütte bricht man über mir ab, man schafft sie weg wie das Zelt eines Hirten. Wie ein Weber hast du mein Leben zu Ende gewoben, du schneidest mich ab wie ein fertig gewobenes Tuch. Vom Anbruch des Tages bis in die Nacht gibst du mich völlig preis; bis zum Morgen schreie ich um Hilfe. Wie ein Löwe zermalmt er all meine Knochen« (Jes 38,10.12 f.). Hiskija findet keinen Schlaf mehr. Seine Seele ist verbittert. Die Krankheit raubt ihm sein Vertrauen auf Gott.

Die Krankheit stürzt auch mich in eine Krise. Meine bisherigen Lebenspläne werden durchkreuzt. Meine Vorstellungen vom Leben werden zerbrochen. Die Krise der Krankheit wird nur dann zu einer Chance für mich, wenn ich mir von ihr meine Vorstellungen von mir selbst, von meinem Leben und von Gott zerbrechen lasse. Dann werde ich nicht daran zerbrechen, sondern vielmehr aufgebrochen für mein wahres Selbst, aufgebrochen für neue Aspekte des Lebens und aufgebrochen für den ganz anderen Gott.

Wenn ich aber an meinen Vorstellungen vom Leben festhalte, dann werde ich durch die Krankheit bitter werden. Ich werde daran zerbrechen. Eine Frau, die immer gesund gelebt hat, bekommt die Diagnose einer Autoimmunerkrankung. Sofort fragt sie sich, was sie verkehrt gemacht und wo sie gegen sich selbst gekämpft habe. Doch diese Selbstbeschuldigungen bringen sie nicht weiter. Sie sind letztlich nur Ausdruck dafür, dass sie an ihren Vorstellungen vom Leben festhält: Wenn ich mich gesund ernähre, dann werde ich auch gesund bleiben. Die Krankheit zerbricht diese Vorstellung. Wenn sie bereit ist, sich ihre bisherige Vorstellung zerbrechen zu lassen, dann wird sie aufgebrochen für neue Möglichkeiten. Sie wird ihr wahres Selbst erkennen. Sie wird spüren, dass sie im Leben neue Akzente setzen soll. Sie muss sich dann nicht mehr beweisen, dass sie diesen oder jenen Berg besteigen kann. Sie will behutsamer leben. Und sie wird aufgebrochen für die Menschen. Sie bekommt ein neues Verständnis für die vielen Kranken in ihrer Umgebung. Sie urteilt nicht mehr unbewusst, dass sie sich ihre Krankheit selbst gemacht hätten. Und sie wird aufgebrochen für Gott, der nicht immer der Garant für gesundes Leben ist, sondern das Ziel unserer

Sehnsucht. Der Weg zu so einer neuen Haltung dem Leben, sich selbst und Gott gegenüber geht – wie bei Hiskija – über die Rebellion, über das Klagen und Anklagen, bis er in ein neues Vertrauen auf Gott mündet.

Die Krise des Erfolgs

Die Zeitungen berichten von erfolgreichen Menschen, die auf einmal der Erfolg verlassen hat. Die Finanzkrise hat manche Unternehmer, die noch Jahre zuvor von der Presse als typische Erfolgsmenschen hochgejubelt wurden, in eine tiefe Krise gestürzt. Alles, was sie aufgebaut hatten, ist nun zusammengestürzt. Sie müssen Insolvenz für ihre Firma anmelden. Bisher hatten sie Geld in Fülle. Jetzt ist ihnen alles genommen. Die Schulden sind größer als ihr Vermögen. Viele können kaum verkraften, dass der Erfolg über Nacht von ihnen gewichen ist.

Die Bibel zeigt uns die Krise des Erfolgs im Schicksal des Ijob. Ijob ist das Bild eines Menschen, der nach dem Willen Gottes lebt und zugleich nach außen hin Erfolg hat: Er hat einen großen Besitz, er hat gesunde und wohlgeratene Kinder und er selbst ist gesund und glücklich. Mitten in dieses Glück bricht nun die Krise ein. Sie nimmt Ijob zunächst den ganzen Reichtum. Dann sterben alle seine Kinder. Doch Ijob lässt sich nicht beirren. Er antwortet auf die »Hiobsbotschaft« vom Verlust seiner Kinder: »Der Herr hat gegeben, der Herr hat genommen; gelobt sei der Name des Herrn« (Ijob 1,21). Schließlich nimmt Gott ihm auch die Gesundheit. Sein Leib ist voll von bösartigem Geschwür. »Ijob setzte sich mitten in die Asche und nahm eine Scherbe, um sich damit zu schaben«

(Ijob 2,8). Selbst seine Frau beschimpft ihn. Seine Freunde kommen. Sie schweigen mit ihm sieben Tage. So sehr sind sie von seinem Schicksal betroffen. Doch dann versuchen sie, ihm zu beweisen, dass Gott immer richtig handelt. Also muss das Unrecht auf seiner Seite liegen. Er habe bestimmt gesündigt und verkehrt gelebt. Doch Ijob wehrt sich gegen diese falsche Theologie. Er hält daran fest, dass er versucht habe, richtig zu leben, und dass Gott nicht der Strafende ist, der jedes kleine Unrecht rächt. Tagelang diskutieren die Freunde mit Ijob. Doch der gibt nicht nach. Er hat die Krise nicht verschuldet. Sie ist einfach über ihn gekommen, aus heiterem Himmel. Es gibt keine Erklärung dafür, keine Ursache, die man erkennen könnte.

Da tritt ihm Gott selbst aus dem Wettersturm entgegen und redet ihn an. Er antwortet nicht auf seine Fragen und Anklagen. Er verweist nur auf die Größe seiner Schöpfung, auf die Wolken und den Regen, auf den Steinbock und den Wildstier, auf das Nilpferd und das Krokodil. Indem Ijob nun auf die Wunder der Schöpfung schaut, erkennt er, dass er ohne Einsicht geredet hat. »Vom Hörensagen nur hatte ich von dir vernommen; jetzt aber hat mein Auge dich geschaut« (Ijob 42,5). Gott gibt nun dem Ijob recht gegenüber seinen Freunden: »Ihr habt nicht recht von mir geredet wie mein Knecht Ijob« (Ijob 42,7).

Ijob stürzt vom Gipfel seines Erfolgs jäh ab. Es ist verständlich, dass Ijob dann auch Gott beschuldigt und ihn anklagt. Sein Leben ist ihm zum Ekel geworden. Und er stellt Gott die Frage: »Nützt es dir, dass du Gewalt verübst, dass du das Werk deiner Hände verwirfst?« (Ijob 10,3) Und er hält ihm vor: »Warum ließest du mich aus dem Mutterschoß kommen, warum verschied ich nicht, ehe mich ein Auge sah?« (Ijob 10,18) Alles hat Gott ihm genommen. Jetzt steht er nackt da. Er schreit vor Schmerz auf. Aber als Gott ihm in der Schönheit der Schöpfung begegnet, ergibt er sich in Gott hinein. Auch wenn er sein Leid nicht erklären kann, so beugt er sich doch vor dem unbegreiflichen Gott.

Er gibt sich selbst nicht auf. Die Geschichte geht dann doch noch gut aus. Gott wendet sein Schicksal und mehrt seinen Besitz auf das Doppelte.

Erfolg ist nichts Schlechtes. Wir dürfen dankbar sein, wenn wir in unserem Leben erfolgreich sind. Aber wir dürfen uns nicht allein vom Erfolg her definieren. Wenn er uns genommen wird, brauchen wir eine andere Grundlage, auf die wir unser Lebenshaus bauen.

Aber zunächst schmerzt es uns wohl genauso wie Ijob, wenn uns alles genommen wird. Die Medien tun heute das Ihre dazu. Zuerst jubeln sie den Erfolgreichen hoch. Doch wenn er stürzt, dann wird sein Denkmal öffentlich demontiert. Alle schlagen auf den Gestürzten ein. Alle haben es besser gewusst. Jeder weiß, welchen Fehler er gemacht hat. Wie die Freunde des Ijob suchen auch wir nach Fehlern. Wer Misserfolg hat, ist selbst schuld daran. Dass uns der Misserfolg auch von außen widerfahren kann, davon will kaum einer etwas wissen. In so einer Situation öffentlicher Verurteilung und Bloßstellung braucht man wie Ijob einen starken Glauben. Doch für manche wird der Druck von außen zu groß, um ihm noch standhalten zu können. Die Bibel lädt uns ein, behutsamer über unsere Krisen zu sprechen und sie einfach stehen zu lassen, ohne sie erklären zu wollen.

Eine Krise kann viele Ursachen haben. Natürlich gibt es auch selbst verschuldete Krisen. Aber wir würden Menschen verletzen, wenn wir ihnen beweisen wollten, warum sie in die Krise geraten sind. Wir müssen die Krise einfach als Herausforderung Gottes annehmen. Dann kann uns die Krise – wie bei Ijob – zu einer neuen Lebensqualität führen. Von Ijob heißt es: »Der Herr segnete die spätere Lebenszeit Ijobs mehr als seine frühere« (Ijob 42,12).

Und noch etwas sagt uns die Ijobgeschichte: Wir können es uns auf dem Erreichten nicht einrichten: weder auf dem Erfolg noch auf dem Besitz, noch auf unserer Familie, noch auf unserer Gesundheit. Alles ist uns geschenkt. Alles kann uns genommen werden. Jede Krise fordert uns heraus, unser Festklammern an den äußeren Bedingungen aufzugeben, alles loszulassen, was wir haben. Wenn wir uns mit unserem Besitz oder unserer Gesundheit identifizieren, geben wir uns selbst auf, wenn wir unseren Besitz oder unsere Gesundheit verlieren. Dann sind wir nichts mehr.

Wir müssen uns schon vor der Krise in die innere Freiheit einüben. Dann wird uns die Krise nicht vernichten, sondern uns an den Ort führen, an dem wir wahrhaft daheim sind, an dem wir ganz wir selbst sind, an dem uns niemand verletzen kann, an dem uns nichts mehr schaden kann.

Johannes Chrysostomus sagt einmal sinngemäß in einer Predigt: Nichts kann dich verletzen außer du selbst. Wenn du in Gott deinen Grund hast, dann kann kommen, was will. Es wird deinem wahren Selbst nicht schaden. Chrysostomus bringt als Begründung das Gleichnis vom Haus, das auf dem Felsen gebaut wurde. Auch wenn Stürme an ihm rütteln oder die Wassermassen es überschwemmen, können sie das Haus nicht zu Fall bringen, weil es auf den Felsen gebaut ist. Wenn wir auf Christus, den wahren Felsen, unser Haus bauen, dann kann kein Unglück, kein Misserfolg, kein Verlust uns schaden: Im Gegenteil, durch jede Krise können wir noch mehr gesegnet werden. Wenn wir uns alles Äußere nehmen lassen, wird uns der Reichtum von innen heraus beglücken. Und er wird sich oft genug auch wieder in äußerem Wohlergehen ausdrücken.

Die Beziehungskrise

Bei Kursen biete ich Gesprächsmöglichkeiten für die Teilnehmer und Teilnehmerinnen an. Ein großer Prozentsatz der Gespräche kreist um Beziehungsprobleme. Da ist die Ehe in eine Krise geraten. Man versteht sich nicht mehr. Man hat sich nichts zu sagen. Oder der Mann hat ein Verhältnis zu einer anderen Frau angefangen. Seine Frau hatte immer an seine Treue geglaubt. Jetzt ist das Fundament ihrer Ehe, die Treue zueinander, bröckelig. Andere sind durch einen Bruch in der Beziehung zu den Kindern in eine Krise geraten. Sie fühlen sich hilflos gegenüber dem Sohn, der jeden Kontakt abgebrochen hat und die Eltern nur noch beschimpft.

Über Beziehungskrisen und Wege aus der Krise heraus gibt es viele psychologische Ratgeberbücher. Ich möchte mich wieder auf eine biblische Geschichte beschränken, die ich als Bild für Beziehungskrisen und ihre Bewältigung verstehe.

Es ist die Geschichte von Zacharias und Elisabet, die uns Lukas erzählt (vgl. Lk 1,5–25). Beide stammen aus hohem Geschlecht. Doch ihre Ehe bleibt kinderlos. Lukas erklärt das damit, dass Elisabet unfruchtbar ist. Doch wir können diese

Aussage auch als Bild sehen, dass ihre Ehe in eine Sackgasse geraten ist. Das soll natürlich nicht bedeuten, dass Kinderlosigkeit immer auf eine nicht gelungene Beziehung hinweist. Mit dieser Auffassung würden wir viele Paare verletzen, die an ihrer Kinderlosigkeit leiden. Das Bild der Kinderlosigkeit soll hier nur aufzeigen, dass die Ehe in sich unfruchtbar geworden ist. Die gute Herkunft und das solide Elternhaus sind noch keine Garanten für das Gelingen der Ehe. Auch der gemeinsame Glaube garantiert nicht, dass sich die Ehepartner auf Dauer gut verstehen. Sowohl Elisabet als auch Zacharias »lebten so, wie es in den Augen Gottes recht ist, und hielten sich in allem streng an die Gebote und Vorschriften des Herrn« (Lk 1,6).

Ich habe ein Ehepaar getraut, das sich bei einem Jugendkurs kennengelernt hat. Beide waren froh, einen Partner beziehungsweise eine Partnerin gefunden zu haben, die gläubig ist. Doch der gemeinsame Glaube hat nicht verhindern können, dass sie sich auseinanderleben und dass sie sich aneinander reiben.

In dieser Krise der Unfruchtbarkeit schickt Gott den Engel Gabriel zu Zacharias, um ihm zu verkünden, dass sein Gebet erhört worden ist und seine Frau einen Sohn gebären wird. Doch Zacharias zweifelt an der Zusage des Engels. Er möchte einen Beweis haben: »Woran soll ich erkennen, dass das wahr ist? Ich bin ein alter Mann, und auch meine Frau ist in vorgerücktem Alter« (Lk 1,18). Weil Zacharias den Worten des Engels nicht glaubt, verstummt er. Erst als das Kind geboren wird und er auf ein Täfelchen den Namen Johannes schreibt, kann er wieder reden.

Das äußere Geschehen kann ein Bild für eine innere Krise

sein. Der Mann traut dem Engel nicht. Engel – das können innere Impulse oder auch Träume sein. Zacharias ist ein Mann, er will alles mit seinem Verstand begreifen. Träume sind für ihn Schäume. Und die Impulse seines Herzens sind zu leise, als dass er sie deutlich zu hören vermag.

In dieser Situation kann die Beziehung zwischen Mann und Frau nicht gelingen. Denn die Frau hört nicht nur auf die Argumente des Verstandes. Sie traut ihrer Intuition und ihrem inneren Gefühl. Und das kommt aus einer anderen Tiefe. So reden Mann und Frau oft aneinander vorbei. Die Frau wirft dem Mann vor, dass er ihr keine Liebe schenke. Sie spürt seine Gefühle nicht. Der Mann beschuldigt die Frau, sie sei hysterisch. Es sei doch alles in Ordnung und er mache doch alles für sie. Er sei doch immer auf ihre Wünsche eingegangen. Sie würde überall nur Probleme sehen, die gar keine seien. Beide reden aneinander vorbei. Die Frau spricht von der Gefühlsebene, der Mann rein rational nur von den Fakten. Auf diese Weise können die beiden nicht zusammenkommen.

Zwei Wege aus der Krise werden in der Geschichte von Elisabet und Zacharias aufgezeigt. Der eine Weg ist das Verstummen des Mannes. Er kann nun nicht mehr mit Worten argumentieren. Er ist gezwungen, nach innen zu schauen und seine Begründungen und Argumente loszulassen. Im Schweigen wird er mit sich selbst konfrontiert und erkennt, dass er mit seinen Worten oft genug bestimmen und herrschen möchte. Das Schweigen öffnet ihn für andere Bereiche seiner Seele und für ein Miteinander, das man nicht mehr mit Worten beschreiben kann. Das verwandelt ihn. Von Elisabet heißt es, dass sie einen Sohn empfängt und fünf Monate zurückgezogen lebt. Sie sagt: »Der Herr hat mir geholfen; er hat in diesen Tagen gnädig auf mich geschaut und mich von der Schande befreit, mit der ich in den Augen der Menschen beladen war« (Lk 1,25). Nicht nur ihr Mann zieht sich nach innen zurück. Auch die Frau lebt zurückgezogen. Sie kommt mit dem in Berührung, was in ihr wächst. Und sie gibt dem, was sich in ihr entfaltet, Raum. Und sie vertraut darauf, dass Gott gnädig auf sie herabschaut und dass sie unter dem Segen Gottes steht.

Wenn die Beziehung zwischen Mann und Frau in eine Krise geraten ist, dann versuchen beide, miteinander zu reden. Die Frau wirft dem Mann seine Defizite vor. Der Mann aber blockiert … und so löst das Gespräch die Krise nicht, sondern verschärft sie noch. Da ist es hilfreich, dass sich die Frau erst einmal auf sich selbst besinnt und für sich selbst sorgt. Sie definiert sich nicht nur vom Mann und von ihren Kindern her, sondern von dem, was in ihr heranwächst: von ihrem eigenen Grund. Sie besucht etwa Kurse, arbeitet an sich, macht eine Fortbildung. Wenn sie das Leben in sich entfaltet, dann ist sie nicht mehr völlig von der Anerkennung und Liebe ihres Mannes abhängig. Sie kann dann auch den Mann mit anderen Augen anschauen. Sie kann warten, bis auch der Mann sich auf den Weg macht. Sie vertraut darauf, dass beide unter dem Segen Gottes stehen. Und sie glaubt an ihren Mann. Sie gibt ihn nicht auf. Sie versteht, dass ihm bisher nur die Macht der Argumente zur Verfügung stand. Sie macht ihm keinen Vorwurf. Die Frau wartet, bis das Kind in ihr geboren wird.

Gegen die Meinung der Verwandten setzt Elisabet durch, dass das Kind Johannes heißen soll. Johannes bedeutet: Gott ist gnädig. Sie will damit zum Ausdruck bringen, dass Gott gnädig an ihr und ihrem Mann gehandelt hat. Sie hat in aller

Unfruchtbarkeit, in aller Krise auf die Gnade und den Segen Gottes vertraut.

Ihr Mann Zacharias bestätigt den Namen, den die Frau dem Kind gegeben hat. Er hat durch das Schweigen gelernt, nicht immer recht haben zu müssen. Er hört nun auf das, was der Frau wichtig geworden ist. Und so wird er von seiner Stummheit befreit. Jetzt, da er nicht mehr alles mit Argumenten bestimmen muss, wird er fähig zum wirklichen Dialog mit seiner Frau.

Psychologen geben ähnliche Ratschläge: In einer Krise ist es oft sinnvoll, etwas Abstand voneinander zu bekommen und ein neues Verhältnis von Nähe und Distanz auszuprobieren, anstatt mit Gewalt die Krise lösen zu wollen. Es braucht oft Zeit, bis in der Frau und im Mann etwas wächst. Es braucht den Glauben an den guten Kern im jeweils anderen. Und es braucht die Bereitschaft, sich auch einmal auf sich selbst zurückzuziehen und die eigene Entwicklung zu fördern. Dann wird auch ein neues Miteinander möglich.

Die Glaubenskrise

In eine andere Krise gerät Elija, der wohl größte Prophet des Alten Testaments. Es ist eine Glaubenskrise, in der sich heute viele wiedererkennen können, denen der Glaube zwischen den Fingern zerronnen ist: Sie waren vielleicht einmal begeistert in der Kirche und finden nun keinen Geschmack mehr an der Botschaft des Christentums. Diese Glaubenskrise ist ja wohl auch die Ursache unserer momentanen kirchlichen Krise. Aber sie hat auch gesellschaftliche Auswirkungen. Das Defizit an religiöser Orientierung wirkt sich destabilisierend auf die Gesellschaft aus. Gott ist – so meint C. G. Jung – der stärkste Archetyp, das stärkste Urbild. Wenn wir einem falschen Gottesbild nachlaufen, werden wir krank. Und von kranken Gottesbildern kann ein verheerender Flächenbrand für die ganze Welt ausgehen.

Wie gerät Elija in diese Krise seines Gottesbildes, in die Glaubenskrise? Elija ist überzeugt, dass er dem allein wahren Gott dient. Er kämpft für den reinen Jahweglauben. Dies gibt ihm Kraft, den Kampf gegen den Baalskult aufzunehmen. Und allein gegen die 450 Baalspriester gestellt, besiegt er sie und lässt sie grausam niedermetzeln. Doch auf dem Höhepunkt seines Erfolges bekommt er es auf einmal mit der Angst zu tun. Die Königin Isebel verfolgt ihn. Elija macht sich voller Angst auf den Weg in die Wüste, um sein Leben zu retten. Doch in der Wüste schlägt seine Stimmung auf einmal um. Er kämpft nicht mehr um sein Leben. Er möchte nicht mehr weiterleben. Er legt sich unter den Ginsterstrauch und wünscht sich den Tod. Er sagt sich: »Nun ist es genug, Herr. Nimm mein Leben; denn ich bin nicht besser als meine Väter« (1 Kön 19,4).

Der Grund seiner Selbstmordgedanken ist die Enttäuschung über sich selbst. Er hat gemeint, er sei im Besitz der Wahrheit und er würde alle seine Kräfte für Gott einsetzen. Aber jetzt merkt er, dass er ja die gleichen Tendenzen in sich hat, die er bei seinen Gegnern bekämpft. Er hat sich leidenschaftlich für Jahwe eingesetzt. Jetzt erkennt er, dass seine Leidenschaft mit ihm durchgegangen ist. Er hat gemeint, für Jahwe zu kämpfen. In Wirklichkeit hat er nur seine eigene Aggressivität ausgelebt. Er hat den Baal bekämpft, den Gott der Fruchtbarkeit und des Erfolges. Jetzt sieht er ein, dass es ihm in seinem Kampf gegen Baal genauso um seinen eigenen Erfolg gegangen ist. Er glaubte, die Feinde außen vernichten zu dürfen. Jetzt spürt er, dass der Feind auch in ihm selbst sitzt. Und diesen Feind wird er nie vernichten können. Mit dem Feind in sich selbst kann er sich nur aussöhnen.

Bei der Krise des Elija kommt die Wendung nicht durch den Kampf wie bei Jakob. Er legt sich vielmehr hoffnungslos nieder, um zu sterben. Er hat keine Kraft mehr zum Kämpfen. Da kommt ein Engel und rührt ihn an. »Steh auf und iss!« (1 Kön 19,5) Elija sieht neben seinem Kopf Brot, das in der Asche seiner verbrannten Hoffnungen und Illusionen gebacken wurde. Und er findet Wasser. Er isst und trinkt und legt sich wieder hin. Er hat Hilfe erfahren in seiner Krise. Er kann sich mit Brot stärken und sich mit Wasser erfrischen und mit seiner inneren Quelle in Berührung kommen. Aber das genügt ihm nicht. Er legt sich wieder hin, um weiterzuschlafen. Der Engel kommt ein zweites Mal. »Steh auf und iss! Sonst ist der Weg zu weit für dich. Da stand er auf, aß und trank und wanderte, durch diese Speise gestärkt, vierzig Tage und vierzig Nächte bis zum Gottesberg Horch« (1 Kön 19,7 f.).

Die Krise des Elija ist überwunden, weil ein Engel mit ihm Geduld hat und ihn aufrichtet. Aber schon stellen sich neue Aufgaben. Elija muss vierzig Tage durch die Wüste wandern. Die Wüste ist Ort der Selbsterkenntnis und Ort der Gottesbegegnung. Fastend zieht Elija durch die Wüste. Er verzichtet darauf, durch Essen seinen Ärger und seine Enttäuschung zuzustopfen. Er stellt sich seiner Wahrheit.

Am Horeb muss Elija erneut in eine Glaubensschule gehen. Da zeigt ihm Gott, dass er nicht dem Bild entspricht, das sich Elija bisher von ihm gemacht hat. Er begegnet ihm nicht im Erdbeben, im Sturm oder im Feuer, sondern im leisen Säuseln des Windes. Gott ist nicht der, der die Erde erbeben lässt und alle Feinde vernichtet. Er ist nicht im Sturm der Begeisterung. Er ist jenseits der Emotionen. Gott ist auch nicht im Feuer, das alles Negative ausbrennt. Gott ist nicht in unserem Perfektionismus, in unserem Wahn, ganz rein sein zu wollen.

Gott lässt sich nur in der Stille verschwebenden Schweigens vernehmen, wie es Martin Buber ausdrückt. Im Schweigen zerbrechen unsere alten Gottesbilder: das Bild des strafenden und richtenden Gottes, das Bild des Buchhaltergottes, das Bild des Willkürgottes. Im Schweigen öffnen wir uns dem Geheimnis Gottes. Dann hören wir auf, rechthaberisch über Gott zu reden, als ob wir die Einzigen wären, die die Wahrheit besitzen. Wir öffnen uns nicht nur dem unbegreiflichen Gott, sondern auch den Menschen gegenüber, die genauso wie wir auf der Suche nach dem wahren Gott sind. Im Schweigen hören wir auf zu argumentieren. Wir werden tolerant, in uns wächst die Kraft der Gelassenheit und Weite.

Die alte Spiritualität des Elija ist von großer Kraft geprägt, aber auch von einer starken Aggressivität und Rechthaberei. Es gibt heute viele Vertreter dieser Spiritualität, die Eindruck machen. Diese wissen genau, was wir glauben sollten und was die Wahrheit ist. Sie wettern gegen die Unmoral der Zeit. Aber wenn man genauer hinsieht, entdeckt man die Brüchigkeit dieser Spiritualität. Manche Menschen kämpfen so stark für den richtigen Glauben, um ihre eigenen Glaubenszweifel in ihrem Herzen zu übertönen. Wir dürfen davon ausgehen, dass sie mit ihrem Glauben in eine ähnliche Krise geraten werden wie Elija. Gott lässt sich nicht auf Dauer verfälschen. Er wird gegen seine vermeintlichen Propheten auftreten, indem er ihnen den Glauben nimmt und indem er den Zwiespalt aufdeckt, der hinter ihren Worten und ihren Taten steckt. Dann wird ihnen der Boden unter den Füßen weggezogen. Dann müssen sie sich der eigenen Wahrheit stellen. Und nur wenn sie der eigenen Wahrheit ins Auge sehen, werden sie Gott richtig verkünden können.

Wenn wir in eine Krise des Glaubens geraten, ist das immer eine Einladung, die alten Vorstellungen loszulassen und uns von vertrauten Gottesbildern zu verabschieden. Die Glaubenskrise stellt aber nicht nur unsere Bilder von Gott infrage. Manchmal drückt sich die Krise so aus, dass wir überhaupt nicht mehr glauben können. Gott scheint uns so ferne zu sein. Wir zweifeln an allem, was wir bisher geglaubt haben.

Es gibt aber keine Argumente, die uns den Glauben an Gott beweisen können. Wir können die Krise nicht allein mit Nachdenken lösen. Es gilt vielmehr, die Zweifel zuzulassen und zu Ende zu denken: Wenn es Gott nicht gibt, kann ich dann die Welt und mein Leben besser erklären? Oder wird alles dann absurd? Jenseits aller Argumente höre ich auf meine tiefste Sehnsucht. In der Glaubenskrise spüre ich doch noch eine Sehnsucht nach Gott. Und dieser Sehnsucht sollte ich trauen.

In der Sehnsucht nach Glauben ist schon Glauben. Und in der Sehnsucht nach Gott ist schon Gott. In der Sehnsucht begegne ich der Spur, die Gott in mein Herz gegraben hat. Und so kann sich von meiner Sehnsucht ausgehend in mir ein Glaube entfalten, der mich wie Elija im Schweigen für das Geheimnis des unbegreiflichen Gottes öffnet und mich immer auf dem Weg hält, weiter nach dem ganz anderen Gott zu suchen.

4. Schritte aus der Krise

In vielen Begleitungsgesprächen fragen mich die Menschen, wie sie damit umgehen sollen, wenn sie von schlechten Nachrichten in ihrem Umfeld hören. Sie sind persönlich noch nicht von der Krise betroffen. Aber ein Verwandter etwa hat seinen Arbeitsplatz verloren. Oder eine Firma in der Nähe hat Insolvenz angemeldet, es sei erst der Anfang der Krise.

Andere erzählen mir, dass sie persönlich von einer Krise betroffen sind. Ein Mann muss kurzarbeiten und merkt am Monatsende, dass ihm das Geld fehlt, das er zur Begleichung seiner Verpflichtungen benötigt. Seine Firma hat angekündigt, dass sie Mitarbeiter entlassen wird, und es kann sein, dass er selbst davon betroffen ist. Die Familie befürchtet, dass sie Sozialhilfe beantragen muss. Dann wird man den Lebensstandard nicht halten können und der Sohn wird kaum studieren können. Das Haus muss eventuell sogar verkauft werden. Keiner behält einen klaren Kopf. Angst legt sich über die Familie und hindert sie am nüchternen Überlegen, welche Schritte sie tun kann.

In Gesprächen werde ich mit all den Krisen konfrontiert, die ich oben beschrieben habe. Die Leute erzählen mir ihre Not und möchten einen Rat haben. Sie wollen sich nicht nur ihr Herz erleichtern und endlich mal über all das sprechen, was sie belastet. Sie wollen auch wissen, wie sie mit der Krise konkret umgehen können. Sie fragen mich ganz direkt: »Was können Sie mir raten?«

Ich kann auf diese Frage nicht sofort antworten. Und ich spüre, dass dieses Vertrauen auch eine Falle sein kann. Wenn ich gleich einen Rat gebe, könnten ihn die Gesprächspartner als Patentrezept verstehen und ihn einfach befolgen. Aber der Einzelne kommt dann nicht mit sich und seinen eigenen Ressourcen in Berührung. Die Krise kann der Einzelne aber nur überwinden, wenn er mit seiner eigenen Kraft in Berührung kommt oder wenn er die Kraft des Heiligen Geistes in sich selbst spürt.

Ich kann die Krise des anderen nicht lösen und ihm auch nicht vermitteln, dass alles wieder gut wird. Ich muss die allgemeine, aber auch die persönliche Krise, in die ein Mann, in die eine Frau, in die eine ganze Familie gerät, ernst nehmen. In der Krise melden sich ja auch andere Lebensthemen zu Wort: die Angst vor dem Verlassenwerden, die Angst, es nicht zu schaffen, die Angst, zu kurz zu kommen, die Angst, durch das Leben überfordert zu sein. Und es ist gut, im Gespräch diese tiefer liegenden Themen anzusprechen, die durch die Krise an die Oberfläche kommen. Trotzdem erwarten die Menschen am Ende des Gesprächs konkrete Hinweise, was sie jetzt tun sollen.

Ich möchte einige Regeln nennen, die aufzeigen, wie wir auf jede Krise reagieren können. Das deutsche Wort »Regel« kommt vom lateinischen Wort »regere«, das »gerade richten« und »lenken« bedeutet. Und es wurde zuerst für die Ordensregel benutzt. Der heilige Benedikt will in seiner Regel nicht alle Probleme der Mönche lösen. Aber er gibt einen Rahmen an, den der Mönch befolgen soll. Dieser Rahmen kann helfen, durch persönliche Reifungs- und Glaubenskrisen besser hindurchzukommen. In diesem Sinn sind auch die folgenden Regeln gemeint.

Manche Menschen fragen mich auch: »Welchen Tipp können Sie mir geben?« Tipp kommt aus der Börsensprache und aus der Welt des Pferdesports. Tipp ist ein Hinweis auf eine Gewinnaussicht. Die Leute erwarten einen Tipp, der ihnen die Hoffnung schenkt und der sie auf die Gewinnerseite führt. Der Tipp soll ihnen helfen, ihre Krise zu überwinden. In diesem Sinn möchte ich ein paar Tipps geben, die keine Garantie für den Gewinn des Lebens sind, aber doch ein Hinweis sein könnten, wie man gut durch die Krise kommt.

Nicht in Panik geraten

Der erste Tipp: Versuche, nicht in Panik zu verfallen. Das ist natürlich leichter gesagt als getan. Das Wort »Panik« kommt vom griechischen Hirtengott Pan, dessen plötzliches Erscheinen den Hirten oft einen undeutbaren Schrecken versetzt und sie wie aufgescheuchte Tiere flüchten lässt. Die Panik überfällt einen, wenn die Krise – so wie Pan – völlig unvermittelt über einen hereinbricht.

Wir können das panische Erschrecken nicht verhindern. Aber wie wir mit der Panik umgehen, liegt in unserer Verantwortung. Manche steigern sich auch in die Panik hinein. Unsere Aufgabe ist es, die Panik wahrzunehmen und dann darauf zu reagieren.

Wenn die Angst hochkommt, dann rede mit der Angst. Denke die Angst zu Ende. Lasse in der Vorstellung das zu, wovor du Angst hast.

Stell dir also beispielsweise vor, dass dein Mann von seiner Firma entlassen wird. Würde das wirklich den Zusammenbruch bedeuten? Die Firma müsste zumindest einen Sozialplan aufstellen. Sie würde eine Abfindung geben. Und dann hätte dein Mann die Chance, etwas anderes neu anzufangen. Oder du kannst überlegen, ob du einen Teil seines Einkommens durch deine Arbeit ausgleichen könntest. Und du kannst einen Plan machen, was man alles streichen könnte, wenn es finanziell eng werden würde.

Wenn ich in Panik gerate, dann werde ich blind und gelähmt. Die Lähmung hindert mich aber am Denken. Sie hält mich davon ab, kreative Lösungen zu suchen. Ein junger Bauunternehmer erzählte mir, dass er jeden Morgen von Angst gelähmt aufwache. Er habe Angst, dass die Banken ihm keinen Kredit mehr geben und dass er dann Insolvenz anmelden müsse. Weil er sich die Angst verbietet, hält sie ihn im Griff. Sie lähmt ihn und hindert ihn daran, nach klaren Lösungen Ausschau zu halten. Dieser Mann müsste sich mit der Angst unterhalten, sich mit ihr vertraut machen. Dann könnte die Angst ihn herausfordern. Dann könnte sie ihm aktive Wege weisen, wie er die Firma retten oder – wenn es gar nicht anders geht – in einer guten Weise zu Ende bringen könnte. Wenn er die Angst jedoch verdrängt, lähmt sie ihn und er gerät in Panik. Er erstarrt wie das Kaninchen vor der Schlange. Dann ist er gelähmt und unfähig, nach Auswegen oder Lösungen zu suchen.

Nicht in Panik zu geraten gilt auch für andere Bereiche. Ein Vater erzählte mir von seinem neunjährigen Sohn, der nicht mehr in die Schule will. Er habe Angst, er könne von den Klassenkameraden verprügelt werden. So zieht er sich immer mehr zurück. Der Vater gerät in Panik, aber mit dieser Panik schadet er seinem Sohn noch mehr. Denn er vermittelt ihm mit seiner Panik: »Du bist schwierig. Du machst deinen Eltern Sorgen. Wir wissen nicht, was wir mit dir machen sollen. Wir müssen zum Psychologen gehen. Was sagen die anderen Leute, wenn wir für dich einen Psychologen besorgen müssen?« Solche Überlegungen verunsichern den Sohn noch mehr. Sie vermitteln ihm Schuldgefühle, weil er seinen Eltern Probleme bereitet. Und sie vermitteln ihm den Eindruck, dass er ein schwieriger Fall ist, ein Mensch, mit dem man es kaum aushalten kann. Das raubt ihm jedes Selbstwertgefühl.

Hier wäre der Glaube an die Selbstheilungskräfte in dem Jungen wichtig. Ich kann ihm nur helfen, wenn ich an ihn glaube. Ich glaube daran, dass unter seiner Angst auch die Quelle des Heiligen Geistes in ihm sprudelt. Aus ihr kann er Kraft ziehen, um sich den Mitschülern in der Klasse auszusetzen und mit ihnen auf kreative Weise umzugehen. Anstatt in Panik zu geraten, sollte der Vater die Krise seines Sohnes aushalten und zu ihm stehen. So kann er ihm vermitteln, dass beide gemeinsam das Problem lösen können. So bekommt auch der Sohn wieder Stehvermögen. Der Vater kann dann mit dem Sohn besprechen, was ihm da konkret Angst macht: »Was könnte denn passieren, wenn du in die Schule gehst? Vor wem konkret hast du Angst? Was befürchtest du von ihm?«

Je konkreter der Vater mit dem Sohn ganz nüchtern über alle möglichen Eventualitäten spricht, desto differenzierter kann der Sohn seine Angst sehen. Und dann könnte der Vater ihn fragen: »Was hilft dir weiter? Was bräuchtest du, damit du vor diesem oder jenem keine Angst mehr hast? Was könntest du konkret tun, damit diese Mitschüler für dich nicht mehr so wichtig sind und dir keine Angst mehr machen?« Wenn der Vater ohne Panik mit dem Sohn die Angst durchspricht, bekommt auch der Sohn langsam wieder Vertrauen. Er hat ja Anteil am Vater, an seiner Klarheit, an seinem Mut, an seiner Kraft.

Einen kühlen Kopf bewahren

Panik verhindert das klare und nüchterne Denken. So ist ein weiterer wichtiger Rat, einen kühlen Kopf zu bewahren. Aber auch das ist nicht immer so einfach. Denn wenn die Angst sich in den Kopf setzt, dann verliert der Kopf seine Kühle. Dann kann ich nicht mehr klar denken.

Ich kann nur versuchen, bei aller Angst einen kühlen Kopf zu bewahren. Ich nehme dabei meine Angst wahr, wie sie mir in den Kopf steigt und wie sie mir den Hals zuschnürt. Dieses Ich, das die Angst wahrnimmt, ist von der Angst selbst schon gar nicht mehr betroffen. Und so ziehe ich mich von der Angst auf mein Ich – oder besser gesagt: auf mein Selbst – zurück. Die Mystiker sprechen von dem inneren Raum, zu dem die Angst keinen Zutritt hat. Wenn ich durch die Angst hindurch in diesen Raum der Stille jenseits aller Gefühle gelange, verliert die Angst an Macht über mich.

Aber Angst ist nicht das einzige Gefühl, das mich in der Krise heimsucht. Da ist etwa auch die Verunsicherung. Ich kenne mich mit mir selbst nicht mehr aus. Ich kann meinen inneren Zustand nicht erklären. Früher war für mich alles klar. Jetzt weiß ich nicht mehr, wie ich reagieren soll. Auch diesen Zustand sollte ich erst einmal wahrnehmen und ihn zulassen. Ich muss ihn nicht unterdrücken. Aber dann kann ich mich bei aller Verunsicherung fragen: Was gibt mir jetzt Halt? Worauf kann ich setzen? Welcher Kraft in mir kann ich trauen? Oder traue ich der Kraft des Heiligen Geistes in mir? Ist mir der Glaube eine wichtige Stütze? Von den Dingen aus, die mir Halt geben, kann ich dann die Krise nüchtern analysieren. Ich kann diesen Raum, der mir Halt gibt, auch in meinem Körper suchen. Ich kann mir in meinem Leib einen Ort suchen, an dem ich mich wohlfühle. Für die einen ist dies der Bauch, für die anderen das Herz. Von diesem Ort aus denke ich dann über die Krise nach.

Ich überlege nun nüchtern, was die Krise ausgelöst hat und welchen Sinn sie haben könnte. Ich überlege, wie ich in der Vergangenheit auf Krisensituationen reagiert habe und was mir geholfen hat, eine Krise zu bewältigen. Und ich versuche, die Krise sachlich zu beurteilen. Wenn ich in eine Krise gerate, bin ich in Gefahr, alles schwarzzusehen. Ich meine manchmal, alles sei zusammengestürzt. Doch wenn ich meine Situation nüchtern anschaue, werden die Maßstäbe meiner Beurteilung zurechtgerückt. Ich erkenne, dass die Krise für mich kein Weltuntergang ist. Die Krise verunsichert mich. Sie hat die Maßstäbe durcheinandergewirbelt, die für mich in den letzten Jahren Gültigkeit hatten. Sie ist damit Herausforderung, neue Wege und neue Maßstäbe zu suchen.

Das gilt etwa auch für die Finanzkrise. Sie ist zwar anders als die typischen Konjunkturdellen, die immer wieder einmal auftreten. Aber sie ist auch nicht eine Katastrophe. Sie ist vielmehr eine Herausforderung, die Finanzwelt besser zu regeln und für ein neues Gleichgewicht beim Wirtschaften zu sorgen. Statt auf die Krise fixiert zu sein, wäre es sinnvoller, nach Wegen aus der Krise zu suchen. Die Krise verlangt danach, neue Maßstäbe zu entwickeln: im persönlichen Bereich, aber auch für das Wirtschaften insgesamt.

Um einen kühlen Kopf zu bewahren, ist es sinnvoll, die Krise mit vergangenen Krisen zu vergleichen. Welche Krisen hat es in den letzten einhundert Jahren gegeben? Wie haben meine Eltern und Großeltern auf diese Situationen reagiert? Diese Krisen – vor allem die Krisen, die durch den Krieg entstanden sind – waren oft radikaler als die Krise, der wir heute ausgesetzt sind. In den Medien wird meistens die jetzige Finanzkrise als größte Wirtschaftskrise seit dem Zweiten Weltkrieg bezeichnet. Aber vorher gab es noch viel schlimmere Krisen. Und die Menschen haben sie auch bewältigt. Vielleicht sind wir nur durch die lange Zeit des materiellen Wohlstands verwöhnt. Diese Überlegungen können uns helfen, einen kühlen Kopf zu behalten und das, was aktuell geschieht, im Licht der Geschichte zu sehen und damit auch zu relativieren.

Eine Krise ist immer mit innerer Erschütterung verbunden. Die Erschütterung verunsichert unser Denken. Das kann heilsam sein. Aber es kann uns auch völlig durcheinanderbringen, sodass wir gar nicht mehr klar denken können. Eine Frau erfährt etwa, dass ihr Mann eine Freundin hat. Ihr ganzes Vertrauen stürzt in sich zusammen. Und das Leben, das sie mit ihrem Mann aufgebaut hat, verliert sein Fundament. Sie weiß gar nicht mehr, wie sie sich verhalten soll.

Auch da ist es wichtig, bei aller persönlichen Betroffenheit, nüchtern die Situation anzuschauen und zu beurteilen. Da kann das Gespräch mit einer Therapeutin, mit einem Seelsorger oder mit einer Freundin helfen. Denn allein sind wir in so einer Situation oft zu geschockt und durcheinander, um einen kühlen Kopf bewahren zu können.

Die Frau könnte zuerst anschauen, wie es dazu kommen konnte: War die Ehe in letzter Zeit nicht mehr so zufriedenstellend? Oder ist es die typische Krise der Lebensmitte, die ihr Mann jetzt durchlebt? Was wäre jetzt zu tun? Ein ehrliches Gespräch mit dem Mann wäre wichtig. Die Krise ist da. Sie lässt sich nicht wegdiskutieren. Aber die beiden könnten gemeinsam eine Paartherapie machen und überlegen, wie sie die gemeinsame Ehe wieder neu beleben könnten.

In dieser Krise kommt sowohl beim Mann oder auch bei der Frau etwas ans Licht, was bisher verborgen war. Wenn sie das gemeinsam anschauen, dann gibt es auch Wege, miteinander weiterzugehen und die eigene Ehe bewusster und achtsamer zu führen. Wenn die Frau in ihrem ersten Schock sich aber in irrationales Denken hineinsteigert und an allem zweifelt, dann wird sie in der Krise zusammenbrechen und gar nicht mehr wissen, was sie tun soll. Ein kühler Kopf könnte ihr helfen, die Dinge klar zu analysieren und in aller Nüchternheit nach Wegen zu suchen, wie sie auf die Krise antworten kann.

Kleine Schritte setzen

Die Finanzkrise wird heute oft in globalen Bildern beschrieben. Sie hat die ganze Welt erfasst. Und genauso denkt man, dass nur globale Lösungen die Krise meistern können. Das stimmt für politische Krisen und für die Weltwirtschaftskrise. Da muss man sicher nach neuen Regeln suchen, die für alle Länder gelten. Aber das gilt nicht für mich persönlich, wie ich auf die Krisen antworte, in die ich durch eine globale Krise hineingeraten bin.

Ich persönlich muss nicht die Weltkrise lösen. Ich muss vielmehr Schritte überlegen, wie ich auf meine eigene Krise antworte. Und dabei ist es gut, sich zu bescheiden und kleine Schritte zu überlegen, anstatt sich den Kopf über die Lösung der Weltkrise zu zerbrechen. Solch ein kleiner Schritt könnte darin bestehen, den nächsten Urlaub bescheidener zu gestalten und auf eine teure Urlaubsreise zu verzichten. So ein Schritt könnte etwa sein, den eigenen Haushalt neu zu durchforsten: Ist mein Energieverbrauch angemessen oder wo könnte ich da sparen? Wie sieht es mit den Lebensmitteln aus? Sind unsere Essgewohnheiten wirklich so optimal? Ließe sich da nicht manches vereinfachen? Das wäre vielleicht auch für die Gesundheit gut …

Kleine Schritte kann ich selbst gehen. Sie bringen mich in Bewegung. Wenn ich nur auf die Krise starre, bleibe ich stehen. Und ich habe keine Idee, wie ich auf die Krise reagieren könnte. Wenn ich jedoch den ersten kleinen Schritt einmal gemacht habe, kommt in mir etwas in Bewegung. Dann merke ich, dass ich nicht einfach der Krise ausgesetzt bin, sondern aktiv darauf reagieren kann. Beim Gehen werden mir dann auch noch andere Schritte einfallen, die ich machen könnte. Auf jeden Fall aktiviert das Gehen mein Denken. Und das erzeugt in mir ein gutes Gefühl.

In Griechenland haben die Philosophen beim Gehen ihre Gedanken entwickelt. Das ist einmal wörtlich zu nehmen. Wenn ich wandere, kommt auch mein Denken in Bewegung und ich entwickle neue Gedanken. Es ist aber auch als Bild zu verstehen. Wenn ich erstarre, erstarrt auch mein Denken. Wenn ich aktiv reagiere, wird meine innere Aktivität gestärkt, auch die Aktivität des Denkens. Wenn ich mich in der Krise auf den Weg mache, zeigen sich mir auch Wege aus der Krise heraus.

Der Rat, kleine Schritte zu machen, gilt für jede Krise. Die Verhaltenstherapie beispielsweise versucht, diesen Weg der kleinen Schritte ganz praktisch zu gehen. Kleine Schritte führen nicht automatisch aus der Krise. Aber sie aktivieren zunächst einmal den Menschen.

Eine Mutter erzählte mir von ihrer Hilflosigkeit ihrer dreizehnjährigen Tochter gegenüber, die nicht mehr in die Schule wolle. Immer wenn sie mit ihr vereinbart, es am nächsten Tag wieder zu probieren, bleibt sie dennoch im Bett liegen. Sie sagt, sie hätte nur drei Stunden geschlafen und hätte so starkes Kopfweh, dass sie nicht in die Schule gehen könne. Alle therapeutischen Wege und alles gute Zureden habe bisher nicht gefruchtet. Auch in dieser Situation sind kleine Schritte hilfreich. Auch mit Kopfweh kann die Tochter versuchen, wenigstens zwei Stunden in die Schule zu gehen. Wenn das Kopfweh stärker wird, kann sie ja wieder nach Hause gehen.

In Gesprächen wurde mir dann langsam klar, was der eigentliche Grund für die Schulverweigerung der Tochter ist. Früher hat ihr eine Freundin in der Schule das Gefühl der Geborgenheit geschenkt. Doch diese Freundin ist nun in einer anderen Schule. Offensichtlich hat die Tochter Angst vor der Ungeborgenheit in der Schule. Natürlich könnte man das alles analysieren, woher das kommt und wie die Tochter in sich selbst Geborgenheit finden könnte. Aber das ist bei der Tochter, die dreizehn Jahre alt ist, nicht sehr hilfreich. Bei ihrem Hund fühlt sie sich dagegen geborgen. So könnte es eine Hilfe sein, dass ihr Hund die Tochter zur Schule begleitet. Natürlich ist da die Frage, ob die Schule mitmacht. Freunde raten der Frau, sich von der Tochter nicht manipulieren zu lassen, sondern sie einfach zu zwingen, in die Schule zu gehen. Aber das wird auch nicht weiterhelfen. Es braucht kleine Schritte, die die Tochter nicht überfordern.

Kleine Schritte kann man immer tun. Wenn ich sofort den großen Schritt machen möchte, dann ist die Gefahr auch größer, auf die Nase zu fallen. Der erste kleine Schritt wird idealerweise weitere Schritte nach sich ziehen. So kann ich langsam aus der Krise herausgehen.

Beten

Der Rat, in der Krise zu beten, scheint manchen nur eine Vertröstung oder Notlösung zu sein. Wenn einem nichts mehr einfällt, dann könne man beten, meinen sie. Doch für mich ist das Beten keine Verlegenheitslösung. Wenn ich in der Krise bete, dann bleibe ich nicht in der Passivität stecken. Ich bete nicht, dass Gott alle meine Probleme lösen soll. Ich bespreche vielmehr mit Gott meine Probleme, meine Ängste und meine Sorgen. Ich halte Gott meine Hilflosigkeit und Ohnmacht hin.

Schon dieses Zulassen meiner negativen Gefühle vor Gott verwandelt mich. Ich fühle mich nicht mehr allein. Ich bin auch mit meinen Sorgen und Ängsten von Gott angenommen. So kann ich ihn auch bitten, mir Wege zu zeigen, wie ich aus der Krise herauskommen kann. Das Gebet gibt mir dann Zuversicht. Es stärkt mein Denken. Es nimmt mir nicht die Sorgen weg, aber es stärkt mich, konkrete Wege zu finden.

Es ist auch legitim, Gott darum zu bitten, die Krise vorbeigehen zu lassen und für bessere Zeiten zu sorgen. Allerdings dürfen wir Gott nicht als Zauberer sehen, der alles von allein löst. Wie er wirkt, das wissen wir letztlich nicht. Gott vermag aber durchaus die Situation zu ändern, indem er seinen Heiligen Geist in die Köpfe der Verantwortlichen sendet, damit sie sinnvolle Lösungen entwickeln. Er kann innere Verwicklungen in den Köpfen der Menschen durch seinen Geist auflösen. Er kann auch in der Gesellschaft, ja in der ganzen Welt etwas in Bewegung bringen.

Aber zunächst bringt das Beten uns in Bewegung. Wir fühlen uns nicht mehr hilflos und ohnmächtig. Wir beginnen, im Gebet Vertrauen zu fassen, dass wir beispielsweise nicht einfach den Intrigen krimineller Spekulanten ausgeliefert sind, sondern dass uns auch in der Krise Gottes Hand hält. Schon dieses Gefühl, dass nicht die Banken mein Leben bestimmen, sondern Gott, tut meiner Seele gut. Sie fühlt sich freier und lebendiger und kann dann wieder mit Fantasie und Kreativität auf die Krise reagieren.

Im Gebet darf ich Gott meine Wünsche sagen. Jeder wünscht sich, dass wir von der Krise verschont bleiben, dass wir unseren Arbeitsplatz behalten, dass wir als Familie finanziell über die Runden kommen. Es ist legitim, all diese konkreten Anliegen Gott vorzutragen. Aber wir dürfen nicht enttäuscht sein, wenn Gott nicht alle unsere Wünsche erfüllt. Jedes Gebet sollte in die Bitte des Vaterunsers münden: »Dein Wille geschehe wie im Himmel also auch auf Erden.« Diese Bitte hat zwei Bedeutungen. Zum einen soll Gottes Wille auf Erden geschehen – und nicht der Wille der Spekulanten oder der Mächtigen dieser Erde. Gott möge die Verhältnisse auf der Erde mit seinem Geist bestimmen – und nicht der Ungeist der Menschen. Zum anderen bedeutet diese Bitte, dass wir es

Gott überlassen, wie er auf unsere Bitten reagiert. Vielleicht hat Gott ganz andere Wege, auf die Krise zu reagieren. Vielleicht möchte er unsere Probleme nicht schnell lösen. Sonst würden wir nichts dazulernen. Vielleicht nimmt er uns in seine Schule, damit wir lernen, unser Leben neu zu überdenken und neu zu gestalten.

Ganz gleich, wie Gott auf unsere Bitten reagiert, wir dürfen vertrauen, dass unser Gebet nicht wirkungslos bleibt. Schon unser Gebet ist ein aktives Reagieren auf die Krise, es bringt etwas in Bewegung. Zumindest bringt es unser Denken in Bewegung. Und es schafft um uns herum eine andere Atmosphäre. Die heutige Physik spricht von einer Art Feld, das durch das Denken erzeugt wird. Durch das Beten wird das Feld des Denkens, das uns im Tiefsten alle miteinander verbindet, verändert. Es eröffnet neue Möglichkeiten des Denkens, nicht nur in uns, sondern auch in den Menschen, für die wir beten. Aber all diese physikalischen und psychologischen Deutungsversuche können das Wirken des Gebetes nicht angemessen zum Ausdruck bringen. Wir dürfen einfach darauf vertrauen, dass Gott unser Gebet erhört, zwar oft anders, als wir uns das wünschen, aber auf jeden Fall so, dass es letztlich für uns gut wird.

Im Beten komme ich in Berührung mit der inneren Quelle des Heiligen Geistes. Aus ihr kann ich Kraft schöpfen, um dann anders auf die Krise zu reagieren. Beten – so wie es die frühen Mönche verstanden – ist weniger Bitte, dass Gott eingreift, sondern vielmehr ein Weg in den inneren Raum der Stille. Dort wohnt Gott in uns und dort sprudelt die Quelle des Heiligen Geistes. In diesem inneren Raum der Stille finde ich Ruhe und Frieden. Ich komme mit mir selbst in Berührung. Und wenn ich in der Stille mein wahres Selbst spüre, das nicht von der Beurteilung der Menschen, von meiner Stärke oder Schwäche oder von meiner Gesundheit oder Krankheit abhängig ist, dann verlieren die äußeren Dinge an Macht über mich. Im Beten bekomme ich neue Hoffnung für mich selbst und für die Menschen, um die ich mich sorge.

Das Gebet würde auch der Mutter der dreizehnjährigen Tochter helfen, die sich weigert, in die Schule zu gehen. Das Gebet löst ihre Probleme nicht. Aber das Gebet gibt ihr neue Hoffnung für die Tochter. Wenn sie im Gebet ihre Tochter segnet, dann wird sie ihr anders begegnen können. Sie wird in ihr nicht nur die schwierige Tochter sehen, die ihre Mutter in Ohnmacht stürzt, sondern auch die gesegnete Tochter, die unter dem Schutz Gottes steht. Und wenn sie Hoffnung für sie hat und an den Segen glaubt, der sie begleitet, dann kann sie anders mit ihr umgehen. Dann kann auch in der Tochter Hoffnung wachsen.

Das Gebet ist kein schneller Trick, der die Krise löst, in die die Tochter die ganze Familie gebracht hat. Aber es verwandelt die Situation und schenkt der Mutter wieder Zuversicht. Sie kann jetzt wieder daran glauben, dass die Tochter mit ihrer eigenen Kraft und ihrem Vertrauen wieder in Berührung kommt und aus dem Teufelskreis der Angst herauskommt.

In der Krise der Lebensmitte möchten viele möglichst schnell wieder die alte Sicherheit und den früheren Zustand erreichen. Sie bitten Gott, dass er sie aus der Krise befreie. Doch der Mystiker Johannes Tauler warnt vor so einem Gebet, denn dann würden wir durch die Krise nicht weiterkommen, sondern in den früheren Zustand zurückkehren. Wir sollten unsere Krise durchaus im Gebet vor Gott halten. Aber wir sollten Gott fragen, was er durch die Krise an uns wirken möchte.

Und für Johannes Tauler ist das Ziel der Krise in der Lebensmitte, dass Gott uns von der Anhänglichkeit an äußere Sicherheiten befreit und uns in den Seelengrund führt, in dem Gott selbst in uns geboren werden möchte. Wenn Gott in uns geboren wird, dann kommen wir in Berührung mit dem ursprünglichen und unverfälschten Bild, das Gott sich von uns gemacht hat. Dann lösen sich die Bilder auf, die wir uns selbst übergestülpt haben. Die Menschen, die Gott bitten, das Problem möglichst schnell zu lösen, verweigern den Schritt in den Seelengrund. Und sie verpassen die Gottesgeburt in ihrem Herzen, die sie zu neuen Menschen macht.

Sich Rat holen

Wenn wir durch Nachdenken und Beten allein nicht weiterkommen, ist es hilfreich, sich bei anderen Menschen Rat zu holen. Ich kann beispielsweise mit einem Bankberater über meine finanziellen Verhältnisse sprechen und gemeinsam mit ihm überlegen, wie ich sinnvoll auf die Situation reagieren soll. Oder ich kann mit der Schuldnerberatung einen Plan erstellen, wie ich mit meinen Schulden umgehe. Oft genügen auch vertraute Freunde, mit denen ich offen über meine Situation sprechen kann.

Die Krise betrifft aber nicht nur die Finanzen. Und in jeder Krise ist es gut, sich Rat zu holen. Die Krise zeichnet sich ja dadurch aus, dass ich zunächst keine Lösung sehe. So kann das Gespräch mit einem anderen mir die Augen öffnen, dass ich doch Wege erkennen kann, die mir helfen. Vor allem aber kann mir das Gespräch mit einem Freund das Gefühl nehmen, ich sei ein Versager. In der Krise der Lebensmitte ist es gut, über die Verunsicherung zu sprechen, die meine Träume, meine Gefühle oder die körperlichen Reaktionen in mir hervorrufen. Viele tun sich schwer, über ihre Gefühle zu sprechen. Sie haben bisher von sich das Bild eines erfolgreichen Menschen vermittelt, der immer stark ist, bei dem – auch beruflich – alles gut geht, der in einer vorbildlichen Familie lebt und der ein guter Vater, eine gute Mutter ist. Es braucht Demut, sich von diesem Bild zu verabschieden und einem Freund, einer Freundin, einem Seelsorger oder einer Therapeutin gegenüber die eigene Wahrheit offenzulegen.

Wir dürfen in das Gespräch mit einem anderen nicht in der Haltung gehen, er solle meine Probleme lösen oder er solle mir den entscheidenden Rat geben, der mir weiterhilft. Wenn wir uns so verhalten, bleiben wir in der Passivität und bürden dem anderen die Verantwortung für das Gelingen unseres Lebens auf. In einem solchen Gespräch geht es immer zunächst darum, unsere Situation, unsere Nöte und unsere Hilflosigkeit zu beschreiben. Der andere soll es anhören und sagen, was es in ihm auslöst. Ich kann ihn fragen, was er dazu meint oder wie ich damit umgehen soll. Aber der Gesprächspartner wird mir nicht gleich Lösungen vorschlagen. Er wird die Frage an mich zurückgeben: »Was glaubst du, was dir weiterhilft? Wie hast du bisher auf Probleme reagiert? Welche Quellen stehen dir zur Verfügung, um auf die Krise zu antworten?«

Wenn ich dann diese Fragen des anderen ernst nehme und in mich hineinhorche, werde ich selbst oft etwas entdecken, was mir weiterhilft. Ich kann dann den anderen immer noch fragen, was er dazu meint. Am Ende des Gesprächs kann dann auch ein Rat des anderen stehen. Aber ich bin für mich verantwortlich. Wenn der Rat mir einleuchtet oder wenn er mir stimmig erscheint, dann soll ich ihn befolgen. Dann folge ich aber meiner eigenen Einsicht. Der andere hat mir dann die Augen geöffnet: Durch seinen Rat habe ich in mir selbst Wege entdeckt, die ich gehen kann.

Auf keinen Fall darf ich mich vom Rat des anderen abhängig machen. Manche bleiben in so einem Gespräch in der Passivität. Sie befolgen den Rat des anderen aber oft nur halbherzig. Dann haben sie einen Grund, die Schuld dem anderen zuzuschieben, wenn sie wiederum scheitern: Der andere habe ihnen einen schlechten Rat erteilt. Er sei schuld, dass sich nichts ändere.

Die Chancen entdecken

Jede Krise birgt eine Chance in sich. Doch wenn wir in der Krise stecken, sehen wir die Chancen oft nicht. Wir sind blind für die neuen Möglichkeiten, die sich aus der Krise ergeben. In der Finanzkrise steckt die Chance, dass die Finanzwelt neu geordnet wird, dass eine gerechtere Güterverteilung möglich wird, dass das Geld wieder den Menschen und nicht nur der Gier dient. In jeder persönlichen Krise steckt die Chance, dass ich mein Leben neu ordne, dass ich neue Maßstäbe für mein Leben entwickle und dass ich authentischer werde. Jede Krise zerbricht Illusionen, die ich mir von mir und meinem Leben gemacht habe. Das Zerbrechen dieser Illusionen ist die Chance, dass ich für mein wahres Selbst und für eine andere Sicht meines Lebens aufgebrochen werde.

Eine Frau geriet in eine existenzielle Krise, als sich ihr Mann von ihr trennte. Doch ein Jahr nach dieser Krise kann sie von sich sagen, dass sie wirklich neu aufgebrochen ist und dass sie jetzt ihre eigene Kraft spürt. Sie fühlt sich frei, nun das zu verwirklichen, was sie von Kindheit an geträumt hat. Sie hat ein Studium angefangen und möchte den Menschen helfen, ihren Weg zu finden. Sie blüht auf. Zunächst hatte das Verlassen des Mannes ihr jedes Selbstwertgefühl geraubt. Sie hatte den Eindruck, sie sei eine Versagerin. Sie sei es nicht wert, dass der Mann bei ihr bleibe. Mit ihr könne es keiner aushalten. Sie zerfleischte sich selbst mit Vorwürfen und Selbstentwertungen. Doch dann kam sie in Berührung mit ihrem ursprünglichen Lebenstraum und mit der Kraft, die unterhalb ihrer Verletzung in ihr ruhte.

In der Krise unmittelbar nach dem Verlassenwerden konnte diese Frau die Chance nicht entdecken, die in der Veränderung steckt. Da war sie so in ihrer Trauer und im Schmerz gefangen, dass sie blind war für die neuen Möglichkeiten, die in ihr ruhten.

Wenn jemand einen Menschen in dieser ersten Phase des Schmerzes begleitet, kann er zwar auch von der Chance sprechen, die in der jeweiligen Krise liegt. Aber er wird damit kaum das Herz des anderen erreichen. In dieser Phase ist es wichtiger, den Schmerz anzuschauen und die Bewertungen, die mit dem Schmerz verbunden sind. Wenn Selbstentwertungen einmal formuliert werden, können sie auch aufgelöst werden. Und dann kann man behutsam auf die Chance hinweisen, die in der jetzigen Situation liegt. Auch wenn jemand die Chance noch nicht sieht, kann der Hinweis auf sie doch

Hoffnung schenken. Und die Hoffnung gibt Kraft, aufrecht durch die Krise zu gehen.

Das Ausschauhalten nach der Chance, die in der Krise liegt, löst die Krise noch nicht auf. Aber sie weitet unseren Blick. Wir sind nicht mehr nur auf die Krise, auf den Schmerz, auf die Orientierungslosigkeit, auf die Erschütterung durch die Krise fixiert. Wir fliehen nicht vor der Krise. Die Hoffnung, dass in dieser Krise eine Chance liegt, auch wenn wir sie noch nicht erkennen können, ermutigt uns, durch die Krise hindurchzugehen. Sie gibt uns Kraft, uns den Problemen zu stellen.

Und irgendwann werden wir dann die Chance entdecken, die sich uns auftut. Die Chance liegt nicht unbedingt darin, dass alles besser wird, sondern eher darin, dass wir authentischer werden, dass wir der Wahrheit unseres Lebens ins Auge sehen und dass wir unserem Wesen gerecht werden. Vielleicht wird das Leben nach der Krise bescheidener werden. Aber wenn wir mit unserem wahren Selbst in Einklang kommen, wird es auf jeden Fall ehrlicher und wahrhaftiger, klarer und echter.

DER HEILIGE GEIST ALS KRAFT
UND ERMUTIGUNG IN DER KRISE

In der geistlichen Tradition des Christentums ist es der Heilige Geist, der den Verzagten Mut macht, der den Schwachen Kraft gibt und der denen, die schwarzsehen, Hoffnung schenkt. So möchte ich gerade im Blick auf die Krisen unseres Lebens das Geheimnis des Heiligen Geistes meditieren.

Ich habe dabei nicht den Ehrgeiz, eine Theologie des Heiligen Geistes zu entfalten. Vielmehr geht es mir um den Heiligen Geist als die Kraft, die Gott uns schenkt, um das Leben zu bewältigen und um unverzagt durch alle Krisen und Konflikte unseres Lebens zu gehen. Ich habe über Gott in meinem Buch ›Willst du Gott erkennen, öffne deine Sinne‹ geschrieben. Da ging es mir darum, unsere Suche und Sehnsucht nach Gott zu beschreiben und Möglichkeiten der Gotteserfahrung aufzuzeigen. Auch über Jesus Christus habe ich viel geschrieben, einmal in dem Buch ›Bilder von Jesus‹, dann auch in den Auslegungen der Evangelien.

Gott ist der Grund und das Ziel unseres Lebens. Jesus ist das Bild Gottes, das sich in uns einbilden will, damit wir immer mehr mit dem ursprünglichen und einmaligen Bild in Berührung kommen, das Gott sich von uns gemacht hat. Der Heilige Geist ist die Quelle, aus der wir schöpfen. Und er ist die Kraft, die uns stärkt und uns ermutigt, unseren Weg zu gehen. Im Heiligen Geist erkennen wir den Vater und den Sohn. Im Heiligen Geist wird aus dem Jesus der Geschichte unser persönlicher Herr, der unser Leben bestimmt und es von innen her leitet.

Die Krise, die durch die Finanzkrise nun in aller Munde ist, aber auch die vielen persönlichen Krisen sind für mich eine Herausforderung, über das Geheimnis des Heiligen Geistes nachzudenken. Vielleicht meinen manche, das sei keine konkrete Krisenbewältigung. Doch das Nachsinnen über den Heiligen Geist wird uns mit der Quelle unbegrenzter Kraft in Berührung bringen, die in uns sprudelt. Sie wird uns stärken, uns der Krise zu stellen und durch sie aufrecht hindurchzugehen.

Die Bibel verwendet viele Bilder, um das Geheimnis des Heiligen Geistes zu erklären. Da ist im Johannesevangelium vor allem das Bild der Quelle, aus der wir schöpfen. Der Heilige Geist ist eine Quelle, die nie versiegt, weil sie göttlich ist. Diese Quelle erfrischt uns. Sie gibt uns neue Ideen ein. Und sie stärkt uns auf unserem Weg. Wenn wir aus dieser Quelle schöpfen, sind wir nicht so leicht erschöpft. Und wir geben uns selbst nicht auf. Wir müssen nicht alles selbst tun. Wir schöpfen aus einer Quelle von Vertrauen, Liebe und Fantasie. Die Quelle ist nach dem Johannesevangelium immer auch eine heilende Quelle, die unsere Wunden heilt. Jeder von uns hat eine Quelle von selbstheilenden Kräften in sich. Sie wird durch den Heiligen Geist gespeist, der zugleich der heilende Geist ist. Und diese Quelle reinigt unsere Augen. Oft geraten wir in eine Krise, weil sich unsere Augen getrübt haben, weil wir die Realität nicht so sehen möchten, wie sie ist.

Ein anderes Bild, von dem schon das Alte Testament spricht, das aber auch Johannes kennt, ist das Bild des Windes. Sowohl das hebräische Wort »ruach« als auch das griechische »pneuma« und das lateinische »spiritus« bezeichnen den Wind und den Atem. Der Heilige Geist ist wie der Wind überall. Der Wind lässt sich nicht festlegen und nicht besitzen. So lässt sich auch der Heilige Geist nicht besitzen. Er weht immer und überall. Er weht, wo er will, sagt Jesus zu Nikodemus (vgl. Joh 3,8). Er lässt sich auch von der Kirche nicht besitzen. Er wirkt in allen Menschen. Er ist der Atem, der alle Menschen durchdringt.

In den semitischen Sprachen ist der Geist immer weiblich. Daher haben syrische Theologen der frühen Kirche eine Lehre vom Heiligen Geist als Mutter entwickelt. So schreibt Macarius in seinen geistlichen Homilien: »Er sah nicht mehr den wahren Vater des Himmels, noch die gute und wohlwollende Mutter, die Gnade des Geistes, noch den liebenswürdigen und begehrenswerten Bruder, den Herrn« (zit. n.: Cantalamessa 32). Diadochus von Photike spricht davon, dass der Heilige Geist uns zu beten lehrt. Dabei verhält er sich »wie eine Mutter, die ihren kleinen Sohn lehrt, ›Papa‹ zu sagen, und diesen Namen mit ihm wiederholt, bis sie ihn daran gewöhnt hat, den Vater auch im Schlaf zu rufen« (zit. n.: Cantalamessa 32). Daher betonen die syrischen Theologen die mütterlichen, die milden Eigenschaften Gottes. Und der heilige Basilius spricht davon, dass der Heilige Geist für uns die »häusliche Vertrautheit mit Gott« schafft. Durch den Heiligen Geist sind wir in Gott zu Hause. Und im Heiligen Geist wohnt Gott selbst in unserem Hause. In ihm ist mir Gott nach einem Wort des Augustinus »innerlicher, als ich mir selbst« bin.

Ein weiteres Bild, unter dem Johannes den Heiligen Geist sieht, ist das des »parakletos«, des Beistands, Anwalts, Trösters. Wörtlich ist »parakletos« der Herbeigerufene. Der Heilige Geist muss herbeigerufen werden, um ihn müssen wir bitten, dass er komme, um uns zu stärken und um uns Mut zu schenken. Und er ist der, der uns beisteht, der uns Stehvermögen schenkt, wenn unsere Knie wanken. Der Paraklet ist auch der herbeigerufene Anwalt, der Verteidiger vor Gericht. In der frühen Kirche, als die Christen verfolgt wurden, war das Bild des göttlichen Anwalts ein tröstliches Bild. Es hat den Christen Mut gemacht, standzuhalten. Sie fühlten sich so vor den weltlichen Gerichten nicht allein. Der Heilige Geist stand ihnen bei.

Im Matthäusevangelium nennt Jesus den Heiligen Geist nicht Paraklet. Aber er beschreibt sein Wirken: »Wenn man euch vor Gericht stellt, macht euch keine Sorgen, wie und was ihr reden sollt; denn es wird euch in jener Stunde eingegeben, was ihr sagen sollt« (Mt 10,19). Im Johannesevangelium spricht Jesus in die Situation hinein, in der sich die Jünger von Jesus selbst verlassen fühlen. Jesus will sie nicht als Waisen zurücklassen. Es ist der Heilige Geist, in dem er selbst zu ihnen kommt und ihnen beisteht: »Ich werde den Vater bitten, und er wird euch einen anderen Beistand geben, der für immer bei euch bleiben soll« (Joh 14,16).

Aber im Johannesevangelium ist der Paraklet nicht nur der Beistand, sondern auch der innere Lehrer, der uns in alle Wahrheit einführt. Er erinnert uns an all das, was Jesus gesagt hat. Er verinnerlicht bei uns die Worte Jesu, sodass sie in unserem Herzen wohnen und wir aus der Wahrheit dieser Worte heraus leben können.

Als man die Bibel ins Lateinische übersetzte, verstand man den Begriff »Paraklet« teilweise weiter als Anwalt. Doch oft genug wurde er mit »Tröster« übersetzt. Als Tröster nimmt der Heilige Geist eine göttliche Aufgabe wahr. Beim Propheten Jesaja heißt es: »Tröstet, tröstet mein Volk, spricht euer Gott« (Jes 40,1). Das deutsche Wort »Tröster« hängt mit »treu« zusammen, das eigentlich »fest wie ein Baum« bedeutet. Der Tröster verleiht uns Festigkeit. Er schenkt uns Stehvermögen. Der Tröster ist zuverlässig. Man kann sich auf ihn verlassen. Das lateinische Wort »consolator« meint, dass der Heilige Geist in unsere Einsamkeit hineingeht und bei uns bleibt, sodass wir uns nicht nur in dieser Welt nicht alleingelassen fühlen, sondern auch unsere innere Einsamkeit überwinden können. Wir sind in uns nicht allein. Der Heilige Geist ist in uns. Er tröstet uns, wenn wir enttäuscht sind – etwa über das Zurückbleiben hinter unseren eigenen Idealen.

In dem Begriff des Parakleten wird deutlich, dass der Heilige Geist nicht nur eine Schöpferkraft ist oder die Energie, die uns durchweht, sondern eine Person. Er ist ein Du, das uns tröstet, das bei uns ist und das uns mit seiner Liebe erfüllt. Basilius nennt den Heiligen Geist den »untrennbaren Gefährten Jesu«. Er ist auch unser untrennbarer Gefährte. Und er lädt uns ein, selbst für andere zu Parakleten zu werden, zu Verteidigern, die ihnen helfen, wenn sie angegriffen werden, und zu Tröstern. Paulus ruft uns auf: »Tröstet und ermahnt einander!« (1 Thess 5,11)

Wir sollen gleichsam füreinander zu Parakleten werden. Dazu lädt uns Kardinal John Henry Newman in einer Predigt ein: »Je nach unserer Fähigkeit werden wir Tröster nach dem Bild des Parakleten sein, und zwar in sämtlichen Bedeu-

tungen dieses Wortes: Anwälte, Helfer, Trostbringer. Unsere
Worte und unsere Ratschläge, unsere Art des Handelns, unsere Stimme, unser Blick, alles wird freundlich und beruhigend
sein« (zit n.: Cantalamessa 97).

Im Lukasevangelium wird der Heilige Geist vor allem als
Glut gesehen, die uns wärmt: Sie verleiht unserer Sprache
Wärme und lässt uns so sprechen, dass ein Funke überspringt.
Der Heilige Geist kommt über die Jünger. Und sie finden den
Mut, aus dem Obergemach, in das sie sich zurückgezogen
hatten, herauszutreten, den Menschen von Jesus zu erzäh-
len und vor allen die Botschaft Jesu zu verkünden (vgl. Apg
2,1–11). Der Heilige Geist ist wie ein Sturm, der sie in alle
Welt treibt und der ihnen Mut gibt, auch vor Mächtigen und
Weisen aufzutreten.

Bei allen Evangelisten ist der Heilige Geist die Kraft, die
Jesus antreibt, in die Wüste zu gehen, Kranke zu heilen und
die Frohe Botschaft zu verkünden. Und er ist zugleich die
Kraft, die von Jesus ausgeht. Dieser Kraft können sich die
Menschen nicht entziehen. Jesus treibt in der Kraft des Heiligen Geistes die Dämonen aus, die unreinen Geister, die unser Denken trüben. Der Ungeist, der die Welt bestimmt und
der sich oft in unseren Köpfen ausgebreitet hat, wird durch
den Heiligen Geist als unrein entlarvt und aus unseren Köpfen vertrieben. Der Heilige Geist hat eine reinigende Kraft.
Gerade in unserer Zeit, in der viele Geister das Denken der
Menschen trüben, brauchen wir die Klarheit des Heiligen
Geistes, damit wir wieder ungetrübt und klar sehen.

Bei der Taufe wird der Heilige Geist mit dem Bild der Taube beschrieben, die vom Himmel herabschwebt. Der Heilige
Geist beflügelt unsere Fantasie. Er verleiht unserer Seele Flü-

gel. Und die Taube als Bild des Friedens meint, dass der Heilige Geist uns inneren Frieden schenkt. Der Heilige Geist verbindet in uns Himmel und Erde. Er öffnet den Himmel über uns, damit wir wie Jesus die Stimme hören: »Du bist mein geliebter Sohn, an dir habe ich Gefallen gefunden« (Lk 3,22). Der Heilige Geist ist in uns und trägt uns gleichsam wie eine Taube in Gott hinein. Er beflügelt unser Denken und hebt es über das nivellierende Einheitsdenken hinweg, das sich in unserer Gesellschaft immer wieder breitmacht.

Die spirituelle Tradition hat den Heiligen Geist in wunderbaren Hymnen besungen. Am bekanntesten ist der Hymnus, den der Benediktiner Hrabanus Maurus im 9. Jahrhundert verfasst hat: »Veni creator spiritus.« – »Komm, Schöpfer Geist.« Ähnlich beliebt ist der Hymnus, der als Pfingstsequenz gesungen wird: »Veni sancte spiritus.« – »Komm, Heiliger Geist.« Er wurde von dem Engländer Stephan Langton um das Jahr 1200 gedichtet.

Beide Hymnen beschreiben in wunderbaren Bildern das Wirken des Heiligen Geistes. Der Heilige Geist ist Glut, Feuer, Liebe. Er ist Erfrischung, Heilung, Trost. Wenn wir die Bilder dieser beiden Hymnen meditieren, kommen wir nie an ein Ende. Aber wir haben teil an der Faszination, die der Heilige Geist auf diese großen Theologen und Dichter ausübte.

Schon sehr früh hat man in der Kirche von den sieben Gaben des Heiligen Geistes gesprochen. Im Anschluss an die Verheißung des Propheten Jesaja, in der der Messias mit sechs Gaben ausgestattet wird, hat man die Lehre von den sieben Gaben des Heiligen Geistes entwickelt. Zu den sechs Gaben hat schon die frühe Kirche – im Anschluss an die griechische Übersetzung des Textes in der Septuaginta – die siebte

Gabe der Frömmigkeit hinzugefügt. In der spirituellen Tradition von den sieben Gaben wird deutlich, dass ein wesentlicher Aspekt des Heiligen Geistes die Gabe ist. Schon Paulus spricht von den Charismen, die uns der Heilige Geist schenkt, von den Gaben, mit denen er uns begabt.

So möchte ich in diesem Buch die sieben Gaben des Heiligen Geistes meditieren, die uns gerade heute befähigen sollen, unverzagt auf die Krisen unserer Zeit und unsere persönlichen Krisen zu reagieren. In den letzten Jahren ist kaum über die sieben Gaben des Heiligen Geistes geschrieben worden. Die letzte Veröffentlichung, die mir bekannt ist, ist ein Buch mit Rundfunkansprachen, zu denen Wilhelm Sandfuchs im Jahre 1977 bekannte Theologen, wie Eugen Biser, Hans Urs von Balthasar, Karl Lehmann, Nikolaus Lobkowicz, Otto Knoch, Walter Kasper und Joseph Ratzinger, eingeladen hatte. So ist es wohl an der Zeit, auf unsere heutige Situation hin die sieben Gaben des Heiligen Geistes zu meditieren, um den Menschen Kraft und Stärke zu schenken, ihnen den Rücken zu stärken, dass sie unverzagt und voller Vertrauen auf ihrem Weg weitergehen können.

Und ich möchte die Pfingstsequenz meditieren, die dem Jesuiten Alfred Delp in der größten Krise seines Lebens, im Todesgefängnis in Berlin, die Kraft geschenkt hat, durchzustehen. Die Meditation dieses wunderbaren Hymnus soll auch uns heute Kraft verleihen, den Kräften zu trauen, die Gott uns im Heiligen Geist geschenkt hat, und so mutig durch die Krisen zu gehen.

DIE SIEBEN GABEN DES HEILIGEN GEISTES

In der Theologie haben wir den Heiligen Geist immer als dritte Person innerhalb des dreifaltigen Gottes verstanden. Doch damit haben wir uns den Zugang zum Geheimnis des Heiligen Geistes auch unnötig schwer gemacht. Denn wenn wir den Heiligen Geist als Person bezeichnen, stellen wir uns unbewusst immer eine menschliche Person vor. Und dann wird der eine Gott, der uns als dreifaltiger Gott begegnet, leicht in drei verschiedene Götter aufgeteilt.

Dennoch ist die Lehre von dem einen Gott in drei Personen wahr. Gott ist immer persönlich und überpersönlich. In Jesus, dem konkreten Menschen, erscheint uns die Personalität Gottes am klarsten. Jesus ist ein Mensch, in dem sich Gott als ein Du offenbart, das uns anspricht und anschaut, das uns gegenübersteht und uns mit seiner Liebe umfängt. Dieser personale Gott schenkt uns im Heiligen Geist das Innerste seiner Person: seine Liebe. So führt uns der Heilige Geist in das Herz Gottes. Er ist die persönliche Gabe Gottes. In ihm erscheint uns das liebende Du Gottes als der nahe Gott, als der Gott, der auch in uns ist und uns mit seiner Liebe durchdringt. Die Bibel sieht den Heiligen Geist einmal als Gabe, die Gott uns schenkt, mit der er uns begabt und unsere eigenen Möglichkeiten stärkt. Und der Heilige Geist ist eine Macht, durch die Jesus Christus in dieser Welt wirkt und diese Welt immer mehr mit seinem Geist erfüllt. Johannes versteht – wie oben schon angesprochen – den Heiligen Geist als den, den uns Jesus senden wird, wenn er im Tod von uns gegangen ist. Er ist der Beistand, der uns beisteht und uns in das Geheimnis Jesu Christi und in seine Lehre einführt: »Der Beistand aber, der Heilige Geist, den der Vater in meinem Namen senden wird, der wird euch alles lehren und euch an alles erinnern, was ich euch gesagt habe« (Joh 14,26). Der Heilige Geist ist der innere Lehrer, der uns immer tiefer einführt in die Lehre Jesu und in das Geheimnis seiner Person und seiner Liebe. Der heilige Augustinus hat dieses Wort Jesu aufgegriffen und gedeutet: Wenn er als Bischof den Leuten predige, dann erreiche er nur die Ohren, aber nicht die Herzen. Nur wenn der Heilige Geist der innere Lehrer sei, würden die Leute nach der Predigt als neue Menschen nach Hause gehen. Der Heilige Geist ist der innere Lehrer, der uns immer tiefer in die Worte einführt, die uns die Evangelisten von Jesus überliefert haben.

Der Geist, den Jesus sendet, wird uns »in die ganze Wahrheit führen. Denn er wird nicht aus sich selbst heraus reden, sondern er wird sagen, was er hört, und euch verkünden, was kommen wird. Er wird mich verherrlichen; denn er wird von dem, was mein ist, nehmen und es euch verkünden. Alles, was der Vater hat, ist mein; darum habe ich gesagt: er nimmt von dem, was mein ist, und wird es euch verkünden.« (Joh 16,13–15) Der Geist führt uns in das Innere Gottes hinein: in sein Herz. Er nimmt von dem, was Gottes und was Jesu ist, um es uns zu geben. Er gibt uns Anteil an Gott. Im Geist erfahren wir die Vergöttlichung unserer menschlichen Existenz. Wir werden in Gott hineinerhoben. So ist etwas in uns, über das die Welt keine Macht mehr hat. Das gibt uns in der Krise das Gefühl, dass wir ihr nicht völlig ausgeliefert sind. Etwas ist in uns, dem die Krise nichts anhaben kann.

Für den heiligen Paulus ist der Heilige Geist in erster Linie eine Gabe, durch die Gott uns beschenkt. Und Gott schenkt jedem Menschen durch den Heiligen Geist seine eigene Gabe: »Dem einen wird vom Geist die Gabe geschenkt, Weisheit mitzuteilen, dem andern durch den gleichen Geist die Gabe, Erkenntnis zu vermitteln, dem Dritten im gleichen Geist Glaubenskraft, einem andern – immer in dem einen Geist – die Gabe, Krankheiten zu heilen, einem andern Wunderkräfte, einem andern prophetisches Reden, einem andern die Fähigkeit, die Geister zu unterscheiden, wieder einem andern verschiedene Arten von Zungenrede, einem andern schließlich die Gabe, sie zu deuten. Das alles bewirkt ein und derselbe Geist; einem jeden teilt er seine besondere Gabe zu, wie er will« (1 Kor 12,8–11).

Der Heilige Geist begabt jeden Menschen mit einer besonderen Gabe. Das sagt einmal, dass jeder Mensch einmalig und einzigartig ist und sich nicht mit anderen zu vergleichen braucht. Gabe ist aber immer auch eine Aufgabe. Der Heilige Geist begabt uns, damit wir unsere Gaben einsetzen, um die Gemeinschaft aufzubauen und um die menschliche Gesellschaft zu prägen. Der Heilige Geist ist uns nicht gegeben, damit wir ihn nur genießen und uns über andere stellen, sondern damit wir in seiner Kraft diese Welt gestalten und immer mehr mit dem Geist Jesu erfüllen. Der Heilige Geist will auch uns in die Welt hinaustreiben, damit wir in dieser Welt Zeugnis von der Wahrheit geben und diese Welt immer mehr mit dem Geist Jesu Christi durchdringen. Mit den Gaben, die der Heilige Geist mir schenkt, kann ich nicht angeben. Es ist nicht mein Verdienst, dass ich diese oder jene Gabe habe. Vielmehr ist sie ein Geschenk des Heiligen Geistes, für das ich dankbar sein darf. Ich darf die Gabe nicht dazu missbrauchen und mich über andere stellen. Aber ich darf mich mit meiner Gabe auch nicht verstecken oder mich gar für sie entschuldigen. Sie sind mir vielmehr gegeben, damit ich sie in den Dienst der Gemeinschaft stelle. Daher braucht es einmal die Offenheit, die Gabe Gottes zu empfangen, zum anderen aber auch die Bereitschaft, diese Gabe als Aufgabe anzunehmen und sie zum Wohl der Menschen einzusetzen. Im Anschluss an das alttestamentliche Buch Jesaja (vgl. Jes 11) hat die frühe Kirche die verschiedenen Gaben des Heiligen Geistes in einer Siebenzahl zusammengefasst. Sieben ist immer eine symbolische Zahl. Sie meint die Verwandlung des Menschen. Der Heilige Geist verwandelt den Menschen. Er durchdringt meine menschlichen Fähigkeiten und öffnet sie für die göttliche Begabung. Die Kirchenväter bringen die sieben Gaben des Heiligen Geistes mit den sieben Tagen der Schöpfung, mit den sieben Sakramenten, den sieben Seligpreisungen (nach der Zählung des Augustinus) und den sieben Vaterunserbitten zusammen. Sie sprechen vom siebenförmigen Geist, der alle Bereiche im Menschen verwandelt.

1. Die Gabe der Weisheit

Joseph Ratzinger geht in seiner Meditation über die Gabe der Weisheit der Geschichte des Begriffes nach. Sowohl bei den frühen Griechen als auch bei den Israeliten bedeutet Weisheit anfangs Fähigkeit und Fertigkeit. »Sie bezeichnet die Tüchtigkeit des Handwerkers, der seine Sache versteht; sie meint vor allem die Urteilsfähigkeit, das Augenmaß, die Gewandtheit, mit der ein Mensch sich durchzusetzen weiß – im richtigen Augenblick das Richtige zu sagen und zu tun vermag. Weisheit ist in dieser anfänglichen Sicht die Eigenschaft des Erfolgreichen« (Ratzinger, in: Sandfuchs 36).

Doch sowohl in der Bibel als auch in der griechischen Philosophie hat dieser Begriff der Weisheit eine Krise erfahren. Für die Bibel besteht die wahre Weisheit nicht im Erfolg des Königs, sondern vielmehr im Anteilnehmen an der Sehweise Gottes: Sie sieht die Welt mit den Augen Gottes. Das verlangt aber auch eine ethische Haltung. Weisheit ist nicht nur Wissen, sondern die Bereitschaft, mit Gottes Augen die Welt zu sehen. Das gelingt letztlich nur dem, der sich Gottes Willen beugt und sein Herz für Gott öffnet. Die Christen haben diese alttestamentliche Sicht übernommen. Für sie ist Jesus der wahre Lehrer der Weisheit. Seine Jünger werden durch den Heiligen Geist in die Weisheit Jesu eingeführt.

Die frühe Kirche hat den jüdischen Begriff der Weisheit übernommen, ihn aber mit dem griechischen Verständnis verbunden. Auch in Griechenland gab es eine Krise des bloßen Erfolgsdenkens. Der Philosoph Platon hat die Krise des Staates zugleich als eine Krise der Seele und als eine Krise des Menschseins verstanden. Seine kritische Analyse des Erfolgsdenkens könnte auch uns heute die Augen öffnen. Die Finanzkrise beispielsweise ist sicher auch bedingt durch eine Krise des Menschseins. Wer nur auf den Erfolg aus ist, der verliert die wahre Weisheit. Seine Tüchtigkeit wird verfälscht und führt zum Ehrgeiz, möglichst viel Geld zu verdienen.

Doch wenn diese Tüchtigkeit kein tieferes Fundament hat, zerstört sie die Gemeinschaft des Staates. Sie wird dann zum »Raubtierkapitalismus« – wie Helmut Schmidt, der ehemalige Bundeskanzler, das genannt hat.

Platon – so beschreibt es Joseph Ratzinger – »begegnete wie schon sein Lehrer Sokrates einer radikalen Aufklärung, deren messerscharfe Vernünftigkeit zu der Überzeugung geführt hatte, dass dem Menschen die eigentliche Wahrheit als solche ohnedies unzugänglich sei. Immer, wenn ein solcher Verzicht auf Wahrheit eintritt, gerät die Menschheit in eine äußerste Krise, weil dann das Gewissen sinnlos wird und als Maßstab nur noch dienen kann, was sich durchsetzt, also letztlich die nackte Macht« (Ratzinger, in: Sandfuchs 40). Gegenüber der Skepsis der sophistischen Philosophen, wir könnten die Wahrheit nicht erkennen, entwickelt Platon einen neuen Begriff von Weisheit. Der Mensch hat teil an Gottes Weisheit. Und in dieser Weisheit kann der Mensch zwar die Wahrheit nicht besitzen, »aber er kann sie lieben und auf der Suche nach ihr sein« (ebd. 41).

Diese Weisheit ist etwas anderes als exaktes Wissen. Sie fragt nach den tieferen Gründen des Daseins. Sie dringt ein in das Geheimnis des Seins. Weisheit ist »das Offenbleiben des Menschen für das Ganze, für den tragenden Grund des Ewigen. Sie ist mit dem Unterwegssein des Menschen identisch; sie ist geradezu jene Unruhe, die ihn immerfort zum Pilger auf das Ewige hin macht und die ihm verwehrt, sich mit weniger als mit diesem zufriedenzugeben« (ebd. 42).

Weisheit bedeutet für die Griechen die Offenheit für das Geheimnis des Seins. Die Römer haben ein anderes Verständnis von Weisheit entwickelt. Das zeigt schon das Wort

»sapientia«, das von »sapere« – »schmecken« kommt. Weise ist letztlich der, der sich selber zu schmecken vermag. Weise ist der, der im Einklang mit sich selbst ist, der sich ausgesöhnt hat mit sich und seiner Lebensgeschichte, der sich selbst mag.

Wenn er sich selbst schmeckt, dann verbreitet er auch einen guten Geschmack. Wenn wir mit ihm reden, dann hinterlässt das Gespräch einen angenehmen Beigeschmack. Bei Menschen, die nicht weise sind, die sich selbst nicht schmecken können, haben wir nach dem Gespräch das Gefühl eines bitteren oder faden Nachgeschmacks. Weisheit hat für die Römer weniger mit Erkennen zu tun, sondern mit der Ausstrahlung, die jemand hat. Weise ist jemand, der nach außen hin einen angenehmen Geschmack verbreitet, der eine angenehme Ausstrahlung hat.

Das deutsche Wort »Weisheit« kommt von »wissen«. Wissen heißt: erblicken, sehen, erkennen. Weise ist der, der richtig sieht, der die Welt so erblickt, wie sie ist, der die inneren Zusammenhänge erkennt. Wir sprechen im Deutschen gern von einem »Vielwisser«, der das Gegenteil von einem Weisen ist. Weise ist nicht der, der vieles sieht, der neugierig alles sieht, was um ihn herum vor sich geht, sondern der tiefer sieht, der sieht, worauf es eigentlich ankommt, der durch sein Sehen die Welt in ihren inneren Zusammenhängen versteht. Für Heinrich Fries ist Weisheit die »Kenntnis der letzten Gründe und Prinzipien des Seins und des Lebens …, Einsicht in den Zusammenhang des Einzelnen mit dem Ganzen« (Fries 1420).

Die Weisheit ist nicht Wissen um einzelne Dinge, sondern umfassende Auslegung des menschlichen Daseins. Und Weisheit ist auch eine Weise des Lebens. Der Weise lebt anders als der Tor. Davon sprechen die Weisheitsbücher des

Alten Testaments immer wieder. »Die Weisheit des Klugen gibt ihm Einsicht in seinen Weg, aber die Dummheit des Toren führt zu Täuschung« (Spr 14,8). Und: »Weisheit erhebt das Haupt des Armen und lässt ihn unter Fürsten sitzen« (Sir 11,1). Die Weisheit lehrt auch die richtige Einstellung zur Arbeit und zum Erfolg: »Mein Sohn, warum willst du dir so viel Mühe bereiten? Es bleibt doch keiner ungestraft, der zu hastig vorandrängt. Läufst du zu rasch, erreichst du das Ziel nicht; fliehst du zu schnell, entkommst du nicht« (Sir 11,10).

Im Matthäusevangelium und im Lukasevangelium bezeichnet sich Jesus selbst als Lehrer der Weisheit. Die Königin des Südens kam, um die Weisheit Salomos zu hören. Doch Jesus überbietet Salomo. Er ist wahrhaft weise. Er lehrt uns den Weg der Weisheit. Er zeigt uns, wie das Leben gelingt. Aber Jesus ist mehr als ein Lehrer der Weisheit. Wer auf ihn schaut und wer ihn meditiert, der hat teil an seiner Weisheit.

Die Gnosis hat diesen Aspekt Jesu gut verstanden. Sie bezeichnet den Zustand des Menschen als einen Schlafzustand oder als Zustand der Trunkenheit. Jesu Weisheit öffnet uns die Augen, damit wir aufwachen und wach durch die Welt gehen. Der heilige Augustinus hat den Unterschied der Weisheit Jesu zur Weisheit Platons vor allem darin gesehen, dass an der Weisheit Jesu alle Glaubenden Anteil bekommen. Die Weisheit Jesu gilt uns allen, während die Weisheit Platons elitär ist. Augustinus bewundert an seiner Mutter Monika, dass sie wahrhaft weise ist, obwohl sie keine so gute Bildung genossen hat wie ihr berühmter Sohn.

Jesus ruft »vom Heiligen Geist erfüllt, voll Freude aus: Ich preise dich Vater, Herr des Himmels und der Erde, weil du all das den Weisen und Klugen verborgen, den Unmündigen aber offenbart hast« (Lk 10,21). Wer an Jesus glaubt, hat teil an seiner Weisheit. Er sieht mehr als die Menschen, die sich viel Wissen angeeignet haben. So preist Jesus im Lukasevangelium, das auf die Weisheit der platonischen Philosophie antwortet, die einfachen Jünger, weil sie durch ihren Glauben mehr erkennen und tiefer sehen als die Weisen dieser Welt: »Selig sind die, deren Augen sehen, was ihr seht. Ich sage euch: Viele Propheten und Könige wollten sehen, was ihr seht, und haben es nicht gesehen, und wollten hören, was ihr hört, und haben es nicht gehört« (Lk 10,23 f.).

Weise sind nicht die Menschen, die viel wissen, sondern die durchblicken. Zu dieser Weisheit gehört für Thomas von Aquin nicht nur der Glaube, der tiefer sieht, sondern auch die Liebe. Die Liebe wird dem Menschen zum Auge, das ihn sehen lässt. Wer glaubt und liebt, der ist wahrhaft weise. Der sieht die Wirklichkeit so, wie sie ist.

Der Apostel Paulus hat der Weisheit der Griechen die Weisheit des Kreuzes gegenübergestellt. Die Weisheit des Kreuzes macht die Weisheit der Griechen zunichte. Doch Paulus greift die Sehnsucht der Griechen nach Weisheit auf: »Und doch verkündigen wir Weisheit unter den Vollkommenen, aber nicht Weisheit dieser Welt« (1 Kor 2,6). Der Geist ist es, der uns die wahre Weisheit enthüllt: »Der Geist ergründet nämlich alles, auch die Tiefen Gottes. Wer von den Menschen kennt den Menschen, wenn nicht der Geist des Menschen, der in ihm ist? So erkennt auch keiner Gott – nur der Geist Gottes« (1 Kor 2,11). Der Heilige Geist ist es, der uns in alle Weisheit einführt. Das letzte Ziel der Weisheit ist, Gott zu erkennen. Wer Gott erkennt, der erkennt auch die Tiefen seiner Seele. Und er lebt seinem Wesen entsprechend. Er lässt sich nicht – etwa durch die Faszination des Geldes – von seinem Wesen entfremden und sich von außen bestimmen.

Wie kann uns die Weisheit helfen, angemessen auf die Krisen und Konflikte unseres Lebens zu reagieren? Zunächst lässt uns die Weisheit die Welt so sehen, wie sie ist. Viele Krisen entstehen, weil wir uns die Welt nach unseren eigenen Vorstellungen zurechtrücken. Wir werden dann blind für die Realität. Es gibt Menschen, die wollen ihrer Wahrheit nicht ins Auge sehen. Sie machen sich etwas vor. Doch irgendwann führt das dann zum Zusammenbruch.

Die Weisheit gibt uns aber nicht nur den Mut, der Wahrheit ins Auge zu sehen. Sie öffnet unsere Augen für das Hintergründige: für das, was unser Dasein wirklich trägt. Sie befreit uns von der Fixierung auf das Äußere und Vordergründige. Wer seinen Wert nur noch im Erfolg oder Besitz sieht, der übersieht die Wahrheit seines Lebens. Sein Leben wird leer. Er verliert seine eigene Tiefe. Ja, er verliert die Beziehung zu seinem Herzen. Sein Wissen ist oberflächlich. Er weigert sich, hinter die Dinge zu sehen. Die Weisheit relativiert das Äußere. Sie relativiert auch die Frage nach dem finanziellen Erfolg und nach einer sicheren Zukunft. Der Weise gründet sein Leben letztlich in Gott. Und das befreit ihn davon, vor dem Urteil der Menschen bestehen zu müssen.

Ich erlebe heute viele Menschen, die gierig nach Kommentaren zur heutigen Finanzsituation aus sind. Sie meinen, schlaue Kommentare könnten ihnen einen Weg zeigen, wie sie mit ihrem Geld umgehen sollten. Oft genug geraten sie dann aber an allzu pessimistische oder allzu optimistische Beurteilungen der Lage. Sie sehen dann entweder alles nur noch schwarz oder übersehen die Probleme. Weisheit würde in diesem Fall darin bestehen, auf das eigene Herz zu hören, in sich hineinzuhören und dort nach Antworten zu suchen. Die eigene Intuition weiß oft mehr als das viele Wissen der anderen.

Einfache Leute haben mir gesagt: »Es gab schon immer ein Auf und Ab. Das wird auch wieder vergehen.« Das ist nicht Beschönigung der Situation, sondern ein Wissen, das aus der Erfahrung kommt. Es relativiert alle Finanzgesetze. Es traut der Erfahrung von Jahrhunderten. Es gab immer wieder Krisenzeiten und Zeiten der Blüte. Weise ist der Mensch, der mit dem Auf und Ab des Lebens einverstanden ist, der sich durch keine Blüte in die Euphorie treiben lässt und durch keine Krise in die Depression. Er nimmt das Leben so, wie es ist. Er schaut tiefer. Er sieht, dass es nicht allein auf den Verdienst und die sichere Arbeit ankommt, sondern darauf, ein guter Mensch zu sein, seiner Sehnsucht nach Gott zu folgen und mitten in dieser brüchigen Welt Anteil zu haben an dem, der jenseits aller Brüche steht.

Auf Gott sein Haus zu bauen, das ist für Jesus Zeichen der Klugheit. Die Klugheit ist eine Schwester der Weisheit. Wer sein Haus auf den Sand seiner Illusionen baut, der wird erleben, wie sein Haus irgendwann zusammenbricht. Nur wer es auf den Felsen Jesus Christus baut, ist wahrhaft klug und weise. Sein Haus wird nicht zusammenfallen, auch wenn die Stürme äußerer Krisen es umwehen oder die Wellen und Wogen negativer Strömungen es umzureißen drohen.

Weisheit ist auch gefragt in den persönlichen Krisen, die uns immer wieder treffen. Viele reagieren hektisch auf Krisen. Sie gehen beispielsweise von einem Arzt zum anderen, von einem Therapeuten zum anderen – aber werden durch die verschiedenen Urteile immer mehr verunsichert. Da bräuchte es die Gabe der Weisheit. Sie bewahrt mich davor, außen die Lösung meiner Krise zu suchen. Sie bringt mich in Berührung mit meiner inneren Intuition. Wenn ich auf sie höre, dann zeigt sich tief in meiner Seele, wie die Krise zu bewältigen ist. Die Weisheit führt mich zu den Quellen eines tieferen Wissens, das sich aus Gottes Wissen speist und das auf dem Grund meiner Seele in mir bereitliegt.

2. Die Gabe des Verstandes/der Einsicht

Im Lateinischen heißt die Gabe des Verstandes »donum intellectus«. Im Deutschen gebrauchen wir die Worte »Verstand«, »Vernunft«, »Intellekt« oft in einem ähnlichen Sinn. Daher ist es gut, erst einmal die Worte anzuschauen, bevor wir verstehen, was mit der Gabe des Verstandes gemeint ist.

Wenn wir vom Verstand sprechen, dann meinen wir die Ratio, die alles ohne Vermischung durch die Emotionen rein rational sieht. Oft genug ist dies aber ein kalter Verstand, der keine Gefühlsregung kennt. Er meint, er wäre sachlich. In Wirklichkeit ist er aber von Absichten und Vorurteilen geprägt. Ratio heißt eigentlich: »Rechnung«, »Berechnung«, »Überlegung«. Wir sagen, dass einer »eiskalt rechnet«. Diese Kälte ist nicht Sachlichkeit, sondern egoistisches Streben und Durchsetzen der eigenen Interessen. Es ist ein berechnender Verstand, der genau kalkuliert, was er mit diesem oder jenem Handeln zu erreichen vermag. Wie soll also der Verstand eine Gabe des Heiligen Geistes sein?

Das deutsche Wort »Verstand« hängt mit Verstehen zusammen. Wer etwas versteht, der kann dazu stehen und er vermag auch, zu sich selbst zu stehen und für sich und die Wahrheit einzustehen. Ich verstehe etwas, bei dem ich länger stehen bleibe, um es zu beobachten. Und die Vorsilbe »ver-« entspricht drei lateinischen Präpositionen: »prae«, »pro« und »per«. Ich verstehe einen Menschen, wenn ich mich vor ihn stelle, wenn ich ihm einen Schutzraum gewähre, in dem er so stehen kann, wie es seinem Wesen entspricht. Und ich verstehe einen Menschen, wenn ich für ihn stehe, wenn ich mich für ihn einsetze.

Mein Stehen ist von Wohlwollen begleitet. Und verstehen hat mit durchstehen zu tun. Erst wenn ich etwas durchgestanden habe, verstehe ich es wirklich. So hat der Verstand durchaus mit unserer Erfahrung des Stehens zu tun. Er ist nicht nur kalter Verstand, sondern ist zugleich die Fähigkeit, bei den Menschen und für sie zu stehen, um im Stehenbleiben ihr Wesen zu erkennen. Verstehen führt zur Verständigung. Wenn Menschen zueinander stehen, können sie sich verständigen. Sie stehen dann auf dem gleichen Grund. Sie haben die gleiche Grundlage ihres Denkens und Handelns.

Im Deutschen verwenden wir das Wort Vernunft oft ähnlich wie »Verstand«. Vernunft kommt eigentlich von »Vernehmen«. Vernunft bedeutet nach Karl Lehmann, »dass wir uns etwas sagen lassen, offen sind für die ganze Wirklichkeit und für alle menschlichen Lagen. Menschliche Vernunft ist als endliche Erkenntnis immer auch darauf angewiesen, dass sie auf die Dinge achtet und hört« (Lehmann, in: Sandfuchs 18). Wer das, was ihm entgegenkommt, wahrnimmt, der versteht es und der sieht in es hinein. Und so hängt die Vernunft mit der Einsicht zusammen. Um diese Einsicht geht es in der zweiten Gabe des Heiligen Geistes. Denn im Lateinischen besteht sie nicht in dem »donum rationis«, sondern im »donum intellectus«. »Intellectus« kommt von »intus legere«, das mit »inwendig lesen« übersetzt werden kann. Die Einsicht – das inwendige Lesen dessen, was ich wahrnehme – ist aber nur möglich, wenn ich übereinstimme mit dem, was ist, wenn ich die Dinge nicht von außen betrachte, sondern in sie gleichsam hineingehe und in sie hineinschaue. Die Philosophie des Mittelalters sagt, dass zur Einsicht immer auch die Liebe gehört. Nur wer liebt, sieht wirklich, weil er die Dinge von innen her versteht.

Wir meinen oft, der Verstand sei rein sachlich und wir würden die Dinge so verstehen, wie sie sind. Aber in Wirklichkeit ist unser Verstand von vielen Vorurteilen abhängig. Wir versuchen, mit unserem Verstand das zu begründen und zu rechtfertigen, was wir vorher schon als unsere Meinung oder als unser Wollen festgelegt haben. Wir suchen nach Gründen, um unser Bedürfnis nach Rechthaben und das Bedürfnis, die Dinge nach unserem eigenen Geschmack auszurichten, zu befriedigen. Von daher ist es gut, wenn wir den Verstand als Gabe des Heiligen Geistes sehen. Wir brauchen den Geist Gottes, damit unser Verstand von Vorurteilen frei wird, damit er nicht dazu missbraucht wird, unsere Anliegen und Interessen zu begründen. Der Heilige Geist hilft uns, die Dinge so zu sehen, wie sie sind, sie so zu verstehen, wie sie von Gott her gemeint sind.

In der Philosophie der Aufklärung hatte die Vernunft die höchste Autorität. Auch Gott wurde vor das »Gericht der Vernunft« gestellt. Er musste sich vor der Vernunft rechtfertigen. Der Philosoph Gottfried Wilhelm Leibniz hat die Theodizeefrage, die Frage, wie Gott zum Leid in der Welt steht, behandelt. Gott wurde so vor den Richterstuhl der Vernunft gezerrt. Leibniz hat Gott gerecht gesprochen, da Gott die beste aller möglichen Welten geschaffen habe. Doch andere Philosophen haben die Vernunft über Gott gestellt: Gott sei das Irrationale und damit vernachlässigbar. Nur das, was vernünftig ist, habe Gültigkeit.

Papst Benedikt XVI. ist es ein großes Anliegen, Glauben und Vernunft miteinander zu versöhnen. Nur ein Glaube, der sich auch der Vernunft stellt, kann in unserer Welt bestehen. Ohne Vernunft wird der Glaube oft fundamentalistisch. Er setzt dann die Glaubenssätze absolut und verwechselt dann die Glaubenssätze mit dem Glauben selbst, der ja letztlich ein Vertrauen auf Gott meint. Ein Glaube, der die Vernunft außer Acht lässt, übersieht, dass die Sätze seines Glaubens nicht die Wahrheit selbst sind. Die Wahrheit liegt jenseits der Sätze und Worte. Die Worte sind Bilder, die ein Fenster öffnen, durch das wir die Wahrheit schauen. Aber die Wahrheit lässt sich nicht in Worten festlegen.

Mein Namenspatron, der heilige Anselm von Canterbury, hat die Formel aufgestellt: »Fides quaerens intellectum.« – »Der Glaube, der nach Einsicht sucht.« Glauben heißt immer auch, das zu verstehen versuchen, was ich glaube. Die Vernunft ist zwar nicht die Norm des Glaubens. Aber ein Glaube, den ich nicht verstehe, gewährt mir auch kein Stehvermögen. Das gilt für jeden Augenblick. Der Glaube ist kein Besitz, den ich getrost nach Hause tragen kann. Ich muss ihn immer wieder neu verstehen.

Ich habe zwar schon oft über das Geheimnis der Menschwerdung Gottes in Jesus Christus gepredigt und geschrieben und über das Geheimnis unserer Erlösung nachgedacht. Aber wenn ich darüber spreche, muss ich mich immer wieder neu fragen: Was heißt das wirklich? Wie kann ich es verstehen? Der Glaube übersteigt die Vernunft. Aber er ist nicht wider die Vernunft. Ich bin es meinem Verstand schuldig, dass ich das, was ich glaube, auch zu verstehen suche. Sonst wird der Glaube irgendwann leer – oder aber ich werde starr meinen Glauben verteidigen. Die Angst, den Glauben zu verlieren, macht mich dann eng und aggressiv. Den Glauben verstehen heißt vom lateinischen Wort »intellectus« her, die Worte des Glaubens in meinem Herzen hin und her zu bewegen, sie inwendig zu lesen, die Innenseite dieser Sätze zu entdecken und zugleich: die Sätze des Glaubens in das Innere meiner Seele hineinzunehmen, sodass sie sich dort entfalten und wirken können.

Thomas von Aquin versteht die Gabe der Einsicht als spekulative und als praktische Gabe. Als spekulative Gabe hilft sie uns, die Glaubenswahrheiten tiefer zu erfassen. Die Einsicht ist ein Licht, das unseren Verstand erleuchtet. Und Thomas vergleicht diese Gabe mit der sechsten Seligpreisung: »Selig, die ein reines Herz haben; denn sie werden Gott schauen« (Mt 5,8). Wenn das Licht des Heiligen Geistes unseren Verstand erleuchtet, dann verliert er alle Nebenabsichten, dann kann er rein und klar die Wahrheit der Offenbarung erkennen, ohne diese seinen eigenen Bedürfnissen unterzuordnen. Die Gabe der Einsicht ist aber auch eine praktische Gabe. Sie lässt uns erkennen, was wir tun sollen. Der Wille begehrt nach Thomas nur das erkannte Rechte und Gute. Der vom Heiligen Geist erleuchtete Verstand erkennt demnach, was für unser Handeln angemessen ist, damit wir das ewige Ziel erlangen.

Die Gabe der Einsicht meint, dass unser Verstand vom Geist Gottes erleuchtet wird, damit er die Dinge richtig versteht. Nur wer die Welt und die Dinge versteht, bekommt einen guten Stand. Das gilt für jede Krise, ob sie nun weltweit anzutreffen ist oder einen persönlich betrifft. Wenn wir die Zusammenhänge nicht verstehen, dann geraten wir in Angst. Wir haben den Eindruck, dass alles zugrunde geht. Wer die Krise nicht versteht, der ist leicht in Gefahr, irgendwelche Untergangsszenarien auszumalen und alles schwarzzusehen. Wer die Krise versteht, dem wird sie nicht den Boden unter den Füßen wegziehen, denn er hat trotz allem ein gutes Stehvermögen.

Ohne Verstand und Einsicht sind wir anfällig, irgendwelchen Theorien zu glauben. Manche entwickeln dann Verschwörungstheorien: die weltweite Finanzkrise sei etwa von den Freimaurern bewusst in Gang gesetzt worden. Solche abenteuerlichen Theorien verdunkeln den menschlichen Verstand. Da braucht es dann die Bitte, dass der Heilige Geist unseren Verstand erleuchte und wir die Zusammenhänge unserer Welt verstehen. Sonst wird die Welt für uns bedrohlich. Und die Angst vor den dunklen Wolken, die hochziehen, wird immer stärker.

Das gilt auch für das Stehen zu uns selbst. Viele Menschen verurteilen sich selbst, weil sie mit 50 oder 60 Jahren immer noch empfindlich oder eifersüchtig oder jähzornig sind. Sie haben viel an sich gearbeitet. Sie haben etwa eine Therapie gemacht, sich auf einen spirituellen Weg begeben, viel meditiert und mystische Texte gelesen. Doch nun haben sie den Eindruck, alles hätte nichts genutzt. Sie sind immer noch genauso empfindlich. Und manchmal greift die Depression nach ihnen. In solchen Situationen ist es wichtig, sich selbst zu verstehen.

Nur wer sich versteht, kann auch zu sich stehen. Ich betrachte dann meine Empfindlichkeit, suche nach den Ursachen. Vielleicht liegt sie in Verletzungen der Kindheit. Wenn ich verstehe, woher meine Empfindlichkeit kommt, ist sie damit noch nicht weg. Aber ich verurteile mich nicht mehr, wenn ich empfindlich reagiere. Ich stehe zu mir. Das relativiert die Empfindlichkeit. Sie gehört zu mir. Aber sie hat mich nicht mehr im Griff. Wenn ich zu mir stehe, dann kann ich auch tiefer in mich eindringen und den Ort in mir entdecken, zu dem die Empfindlichkeit keinen Zutritt hat. Dies ist der innere Raum der Stille, in dem Gott in mir wohnt.

3. Die Gabe des Rates

Im Lateinischen heißt die dritte Gabe des Heiligen Geistes »donum consilii«. Dies ist die Gabe des Rates, der Überlegung und der Beratschlagung. Consilium kann auch Klugheit und Besonnenheit bedeuten.

Im alten Rom führten zwei Konsuln den Senat. Sie waren immer zu zweit. Sie mussten sich immer miteinander beraten. Im gemeinsamen Gespräch sollten sie erkennen, was für die Stadt das Beste ist. In der Vorsilbe »con-« kommt zum Ausdruck, dass nicht der eine dem anderen einen Rat gibt, sondern dass die Menschen miteinander einen Weg suchen, der für alle gangbar ist und zum Segen wird.

Das deutsche Wort »Rat« meint ursprünglich die Mittel, die zum Lebensunterhalt notwendig sind. Wir sprechen von

»Vorrat« oder »Hausrat«. Diese ursprüngliche Bedeutung wurde dann modifiziert. Es ging nun auch darum, das zum Lebensunterhalt Nötige zu beschaffen und so der Not abzuhelfen. Raten meinte ursprünglich: sich geistig etwas zurechtlegen, überlegen, sich etwas aussinnen, Vorsorge treffen, vorschlagen und empfehlen.

Viele meinen, im Wort »Ratschlag« stecke »Schlag« – und das sei etwas Aggressives. Daher vermeiden viele Menschen das Wort Ratschlag: Sie möchten keinen Ratschlag geben, sondern höchstens eine Empfehlung aussprechen. Ursprünglich meinte der Ratschlag: den Beratungskreis schlagen, den Kreis für die Beratung abgrenzen. Es ist demnach nichts Aggressives in dem Wort. Es meint vielmehr den Kreis, innerhalb dessen man miteinander beraten kann, um einen Weg zu finden, der für alle gangbar und sinnvoll ist. Wenn wir die Erfahrung der Sprache ernst nehmen, dann bedeutet Rat: dem anderen das zu verschaffen, was er zum Leben braucht. Wir sollen ihm mit Worten etwas in die Hand geben, das ihn nährt und das ihm hilft, sein Leben zu bewältigen. Dabei beschränkt sich der Rat auf die Hilfe, die wir dem anderen anbieten. Wir geben ihm etwas in die Hand – aber was dieser damit anfängt, liegt in dessen eigener Verantwortung.

Rat bedeutet eigentlich Empfehlung. Das deutsche Wort »empfehlen« hängt mit »befehlen« zusammen, das aber ursprünglich nichts mit »gebieten«, sondern vielmehr mit »anvertrauen« und »übergeben« zu tun hatte. In der religiösen Sprache benützen wir das Wort noch in diesem Sinn: »Ich befehle meine Seele Gott.« Oder wie es im Lied von Paul Gerhardt heißt: »Befiehl du deine Wege und was dein Herze kränkt, der allertreusten Pflege des, der den Himmel lenkt.«

Empfehlung klingt von der deutschen Sprache her sanfter als Ratschlag, bei dem wir trotz aller Erklärung immer noch das aggressive Wort »Schlag« heraushören. Das, was ich selbst als richtig erkannt habe, empfehle ich dem anderen. Ich vertraue es ihm an und übergebe es ihm, damit er selbst erkennen kann, ob diese Empfehlung auch ihm hilft auf seinem Weg.

Nach Thomas von Aquin besteht die Gabe des Rates darin, das richtige Handeln des Christen in den jeweiligen konkreten Situationen zu erkennen und darzulegen. Der Heilige Geist soll uns helfen, zu erkennen, was in den jeweiligen Lebensumständen zu tun ist. Für Thomas ist Gott ein beratender Gott. Er spricht zu uns durch seinen Heiligen Geist, um uns zu zeigen, wie wir uns in den wechselnden Verhältnissen der Zeit verhalten sollen. Rat meint dabei nicht nur die Erkenntnis für das eigene Leben, sondern auch die Fähigkeit, andere Menschen zu begleiten und zu leiten.

Thomas von Aquin setzt die Gabe des Rates mit den menschlichen Tugenden der Klugheit und der Besonnenheit in Beziehung. Beide Tugenden sind auf der rein menschlichen Ebene immer auch begrenzt. Der Heilige Geist aber bringt die menschlichen Tugenden zu ihrer Fülle. Er befähigt die Tugenden, zum Gelingen des Lebens beizutragen. Interessant ist, dass Thomas die Gabe des Rates mit der fünften Seligpreisung in Verbindung bringt: »Selig die Barmherzigen; denn sie werden Erbarmen finden« (Mt 5,7). Der Ratschlag darf nicht unbarmherzig sein, indem man ihn den Menschen um die Ohren schlägt, sondern er braucht die Qualität der Barmherzigkeit. Er muss aus dem eigenen Herzen kommen, das erfüllt ist von der Barmherzigkeit Jesu Christi. In der heutigen Situation ist »guter Rat teuer«, wie das Sprichwort sagt.

In den Medien gibt es zahlreiche Kommentare zur aktuellen Finanzkrise, zur Krise der Menschheit und zu den Ursachen. Aber einen wirklichen Rat können wir daraus kaum ableiten. Es wird höchstens den Bankern oder den Managern geraten, sie sollen nicht so gierig sein und auf ihre Bonuszahlungen verzichten. Doch wie wir als einfache Menschen auf die Situation reagieren sollen – wie wir mit der drohenden Arbeitslosigkeit und der daraus folgenden Situation materieller Armut umgehen sollen –, das wird meistens übersprungen. Man sucht globale Lösungen. Der Einzelne wird alleingelassen. Der Heilige Geist gibt uns auch nicht einfach einen Rat, den wir befolgen können. Aber er beratschlagt gemeinsam mit uns, mit unserem Verstand, damit wir selbst – erleuchtet von seinem Licht – einen für uns richtigen Weg aus der jeweiligen Situation finden können.

Ich wage nicht, einen allgemeinen Rat zu geben, wie alleinerziehende Mütter, arbeitslose Väter und in Armut geratene Kinder mit ihrer Situation umgehen sollen. Aber die Gabe des Rates, die uns der Heilige Geist gibt, lässt uns in dieser Situation nicht allein. Das ist eine tröstliche Zusage für den Einzelnen. Er soll selbst überlegen, was in einer Krisensituation möglich ist. Aber oft genug wird ihm die eigene Situation verworren und aussichtslos vorkommen. Die Gabe des Rates will uns ermutigen, dass wir nicht aufhören, weiter zu überlegen. Und wir sind in unseren Überlegungen nicht allein. Unsere Klugheit, die Gott uns als Tugend geschenkt hat, wird zugleich durch den Heiligen Geist erleuchtet. Sie wird einen Weg erkennen, wie wir handeln sollen. Rat ist das, was wir zum Lebensunterhalt brauchen. Dabei geht es nicht nur um den Hausrat, sondern um das, was uns hilft, unser Leben zu bewältigen. Das ist vor allem der Seelenrat, die Ausstattung unserer Seele mit Hoffnung und Klarheit. In uns sind genügend Hilfen, um einen Weg aus der Aussichtslosigkeit zu finden.

Viele fragen mich zurzeit, was sie in der aktuellen Finanzkrise tun sollen, wie sie mit dem Ersparten oder mit den Fonds, die sie sich für die Alterssicherung zurückgelegt und die nun an Wert verloren haben, umgehen sollen. Ich bin kein Hellseher und kann die Zukunft nicht voraussehen. Aber eines kann ich doch raten: die Ruhe nicht verlieren, den Kopf nicht in den Sand stecken, einen langen Atem haben und darauf vertrauen, dass nach einer Krise auch wieder eine Chance kommt, dass das Geld nicht verloren ist, sondern nur an Wert verloren hat. Der Fonds wird wieder gewinnen, sobald es mit der Wirtschaft und mit den Aktien oder Renten bergauf geht. Wer auf die Krise mit Panik reagiert, der wird kopflos. Die Angst wird ihm ein schlechter Ratgeber sein. Wer nur mit Angst reagiert, wird immer verlieren. Die Angst vor dem Verlust kann mich warnen, mein Maß nicht zu überschreiten. Aber sie kann mir nicht den Weg zeigen, wie ich sinnvoll auf die Krise reagiere.

Viele Menschen fragen mich nicht nur wegen der Finanzkrise um Rat. Sie schildern mir ihre Probleme mit ihren Kindern, in ihrer Ehe, an ihrem Arbeitsplatz. Sie möchten gerne einen Rat haben, wie sie mit ihren Problemen umgehen sollen. Ein Mann etwa leidet unter der Ablehnung durch seinen Vater und hat jeden Kontakt abgebrochen. Aber er ist darüber auch nicht glücklich. Er möchte nicht nur angehört werden, sondern er möchte einen Rat. Eine Frau leidet darunter, dass ihr Mann depressiv geworden ist und sich seitdem völlig verändert hat. Sie hat den Eindruck, alles, was er bisher für andere getan hat, das holt er sich nun zurück, indem er nur noch um sich selbst kreist.

Wenn ich die Menschen anhöre, weiß ich oft auch nicht, wie sie am besten mit ihrer Situation umgehen sollen. Ich frage weiter nach, wie sie die Situation erleben. Ich frage auch, was sie selbst für hilfreich erachten. Manchmal fällt den Leuten dann selbst etwas ein. Trotzdem werde ich auch gefragt, was ich tun würde. Ich darf nicht in die Falle tappen, autoritär einen Rat zu geben, dem die anderen dann blind folgen. Aber dennoch wollen sie einen Rat haben. Ich versuche dann, auf die Menschen und auf den Heiligen Geist zu hören. Oft kommt dann von innen her ein Bild für das, was sie tun könnten. Dieses Bild biete ich dann dem Gesprächspartner an. Aber ich überlasse immer dem anderen die Entscheidung. Er muss selbst spüren, ob mein Angebot für ihn stimmig ist. Aber wenn er sich diesen Weg vorstellen kann, dann vereinbare ich mit ihm auch konkrete Schritte, wie er vorgehen kann. Einen Rat kann man nicht einfach nach Hause tragen. Er ist ein Weg, den man selbst gehen muss.

4. Die Gabe der Stärke

Die Gabe des Rates wendet sich an den Verstand, die Gabe der Stärke an den Willen. Im Lateinischen heißt diese Gabe: »donum fortitudinis«. Es ist die Stärke, die auch für das Leben und für das Gute zu kämpfen vermag. Die Gabe der Stärke ist immer auch mit der Tugend der Tapferkeit verbunden. Wenn ich von einer Sache überzeugt bin, kämpfe ich dafür, auch wenn ich dabei verletzt werde. Die Tapferkeit meint, dass ich vor den Herausforderungen der Zeit nicht davonlaufe, sondern mich ihnen stelle.

Der Tapfere macht sich auch angreifbar. Er richtet sich nicht populistisch nach der Mehrheit, sondern nach seinem Gewissen. Er schaut den Problemen ins Gesicht und versucht standzuhalten. Daher gehören zur Gabe der Stärke immer auch die Ausdauer und die Standhaftigkeit. Im Griechischen heißt das »hypomone«. Dies ist die Tugend, stehen zu bleiben und den Angriffen von innen oder außen standzuhalten. Wer die Gabe der Stärke in sich hat, der hat genügend Kraft, auch die Krisen durchzustehen, die ihn heimsuchen. Ihm können dann sowohl innere Krisen – durch die Veränderung der konkreten Lebenssituation oder durch die Turbulenzen seiner Seele – als auch äußere Krisen, die wie die Finanzkrise alle gleichermaßen treffen, letztlich nichts mehr antun.

Der Heilige Geist will uns die Augen öffnen, damit wir die eigene Fähigkeit zur Tapferkeit, zur Kraft und zur Stärke in uns entdecken. Aber wir rufen ihn auch an, damit er unsere eigenen Fähigkeiten mit seiner Kraft erfüllt. Wenn wir von der Gabe des Heiligen Geistes sprechen, dann vertrauen wir darauf, dass Gottes Geist uns zu Hilfe kommt. Etwas Stärke hat jeder in sich. Aber oft genügt sie nicht, um gegenüber den Turbulenzen unserer Zeit standzuhalten. Da ist es tröstlich zu wissen, dass der Heilige Geist uns stärkt. Er greift das auf, was in uns angelegt ist, und vollendet es. Er verleiht den Stärken, die wir von unserem Charakter her in uns tragen, neue Kraft. So brauchen wir keine Angst zu haben, nicht durch die Krise zu kommen. Der Heilige Geist schenkt uns das Vertrauen, dass wir es schaffen werden. Er schenkt uns seine Kraft, wenn unsere eigenen Kräfte uns im Stich lassen.

Der Heilige Geist wird in der Bibel immer mit der Kraft in Berührung gebracht: Die Kraft des Heiligen Geistes treibt Jesus in die Wüste. Jesus wirkt in der Kraft des Heiligen Geistes seine Wunder und predigt, erfüllt vom Heiligen Geist, den Menschen die Frohe Botschaft. Nach seiner Versuchung, in der die Kraft des Geistes sich als stärker als die Macht des Teufels erweist, kehrt Jesus »erfüllt von der Kraft des Geistes« nach Galiläa zurück (vgl. Lk 4,14). In der Synagoge von Nazaret liest Jesus die Stelle aus dem Propheten Jesaja vor: »Der Geist des Herrn ruht auf mir, denn der Herr hat mich gesalbt. Er hat mich gesandt, damit ich den Armen eine gute Nachricht bringe; damit ich den Gefangenen die Entlassung verkünde und den Blinden das Augenlicht; damit ich die Zerschlagenen in Freiheit setze und ein Gnadenjahr des Herrn ausrufe« (Lk 4,18 f.). Es ist die Kraft des Geistes, die Jesus dazu befähigt, seine Botschaft zu verkünden, die Kranken zu heilen und die Gefangenen zu befreien. Die Kraft des Heiligen Geistes sendet Jesus seinen Jüngern, damit sie sein Wirken in dieser Welt fortsetzen.

Nach der Auferstehung verheißt Jesus den Jüngern diesen Geist: »Ihr werdet die Kraft des Heiligen Geistes empfangen, der auf euch herabkommen wird; und ihr werdet meine Zeugen sein in Jerusalem und in ganz Judäa und Samarien und bis an die Grenzen der Erde« (Apg 1,8). Die Kraft des Heiligen Geistes ermöglicht es den Jüngern, sich genauso wie Jesus zu verhalten. Stephanus wird im Tod wie Jesus seinen Mördern vergeben. Und Petrus und Johannes vollbringen in der Kraft des Heiligen Geistes wie Jesus das Wunder der Heilung und richten den Gelähmten wieder auf. Petrus begründet das Wunder mit dem Glauben des Gelähmten. Der Glauben an

Jesus hat den Gelähmten »zu Kräften gebracht, der Glaube, der durch ihn kommt, hat ihm vor euer aller Augen die volle Gesundheit geschenkt« (Apg 3,16). Paulus durchzieht in der Kraft des Heiligen Geistes den ganzen bewohnten Erdkreis und verkündet das Evangelium von Jesus Christus. Er teilt den ersten Christen eine neue Lebenskraft mit: die Kraft des Heiligen Geistes, die ihnen zu neuem Leben verhilft. »Diese neue Lebensenergie, diese von Gott geschenkte Dynamik wirkt sich bei dem, der sich bewusst für das Wirken des Geistes Gottes öffnet, auf vielfältige Weise aus« (Knoch, in: Sandfuchs 91). Beim einen zeigt sich die Kraft des Heiligen Geistes in der Gabe der Prophetie, beim anderen als Gabe der Heilung, bei wieder einem anderen als Glaubenskraft. Bei Paulus zeigt sich die Kraft des Heiligen Geistes in der Fähigkeit, das Leiden, das Jesus durchlitten hat, an seinem eigenen Leib zu erleben und durchzustehen. Obwohl er offensichtlich klein von Gestalt und von schwacher Gesundheit war, hat er eine ungeheure Kraft entwickelt.

Um diese Kraft des Heiligen Geistes bitten wir, wenn wir um die Gabe der Stärke beten. Diese »dynamis« ist die Kraft, »mit allem Widrigen fertig zu werden und den Sinn des eigenen Lebens trotz, oder besser: durch alles hindurch nicht zu verfehlen. Und zwar ohne Verbitterung und Enttäuschung, ohne Resignation und Unzufriedenheit« (ebd. 94). Die Gabe der Stärke hilft uns, damit wir uns durch all das, was uns widerfährt und was unsere Pläne durchkreuzt, nicht entmutigen lassen, sondern tapfer durch alle Krisen hindurchschreiten.

Diese Gabe der Stärke brauchen wir gerade heute in unserer Zeit. Psychologen sprechen von unserer Zeit als einer Zeit der Wehleidigkeit. Man bedauert sich selbst, weil das eigene Leben nicht so zu gelingen scheint, wie man sich das vorgestellt hat. Man bemitleidet sich, weil man nicht den Beruf ergreifen konnte, den man wollte, weil man nicht die Partnerin oder den Partner gefunden hat, nach der beziehungsweise dem man sich gesehnt hat.

Wer kämpft, geht das Risiko ein, verletzt zu werden. Manche jammern lieber, dass das Leben ihnen nicht gibt, was sie sich erhoffen. Sie bleiben in ihrem Nest sitzen und klagen die Welt an, weil diese ihnen nicht gebe, was ihnen doch zustehe. Aber sie tun selbst nichts dazu, das, wonach sie sich sehnen, auch zu erkämpfen. Gegenüber dieser Wehleidigkeit befähigt uns die Gabe der Stärke, uns dem Leben mit seinen Herausforderungen zu stellen und uns selbst nicht aufzugeben.

Paulus zeigt uns im Zweiten Brief an die Korinther, wozu ihn die Kraft des Heiligen Geistes befähigt hat: »Von allen Seiten werden wir in die Enge getrieben und finden doch noch Raum; wir wissen weder aus noch ein und verzweifeln dennoch nicht; wir werden gehetzt und sind doch nicht verlassen; wir werden niedergestreckt und doch nicht vernichtet« (2 Kor 4,8 f.). Wir kennen solche Situationen. Wenn wir die Arbeit verlieren, wird es finanziell immer enger um uns. Aber auch von Menschen werden wir in die Enge getrieben – etwa wenn wir im Betrieb gemobbt werden oder wenn uns der Chef Angst macht. Mitten in dieser Situation, in der Menschen ihn in die Enge treiben, findet Paulus noch einen Raum: Er findet einen Raum, den die anderen nicht bestimmen oder betreten können und in dem er sich von Gott geschützt weiß. Dort, wo er weder ein noch aus weiß und wo er orientierungslos ist, verzweifelt er doch nicht. Der Heilige Geist schenkt ihm auch in der aussichtslosesten Situation noch Hoffnung.

Wir kennen die Erfahrung der Hetze. Die Vorgesetzten hetzen uns oft in die Arbeit. Und manchmal sind wir selbst die Ursache der Hetze. Wer sich selber hetzt, der hasst sich. Paulus fühlt sich in der Hetze nicht verlassen. Die Nähe Gottes befreit ihn von der bedrückenden Nähe der Menschen, die ihn hassen und hetzen. Auch wenn Paulus von Krankheit oder von Schwäche oder Verfolgung niedergestreckt wird, so fühlt er sich doch nicht vernichtet. Seine Würde kann ihm niemand rauben. Da er von der Kraft des Heiligen Geistes erfüllt ist, kann er von keinem Widerfahrnis, von keinem Schicksalsschlag, der ihn trifft und seine Lebenspläne durchkreuzt, zerstört werden.

Die Gabe der Stärke brauchen wir heute nötiger denn je, denn manchmal scheint die Herausforderung über unsere Kräfte zu gehen. Da freut sich etwa eine Frau auf ihre Schwangerschaft. Doch dann muss ihr Mann kurzarbeiten. Auf einmal ist ihre finanzielle Situation bedrohlich geworden. Sie haben ein Haus gekauft, als sie beide noch große Pläne hatten. Doch jetzt ist alles infrage gestellt. Billiger Trost hilft hier nicht weiter. In solchen Situationen ist es angebracht, um die Gabe der Stärke zu bitten, die der Heilige Geist in uns bewirkt. Eine andere Frau fühlt sich von ihrer Schwester bedrängt, die immer nur jammert und ihr alle Energie raubt, wenn sie zu Besuch kommt. Sie nimmt der Familie jede Freude. Dieser Frau kann man nur die Kraft des Heiligen Geistes wünschen, dass sie der Schwester, die wehleidig um sich selbst kreist, standzuhalten vermag.

Eine alleinerziehende Mutter fühlt sich überfordert. Sie muss an verschiedenen Fronten kämpfen: mit ihrem Sohn, der ihr Vorwürfe macht, dass sie ihn nicht genügend stütze, mit dem Exmann, der ihr den vereinbarten Unterhalt verweigert, mit ihrer Arbeitsstelle, in der es Probleme gibt. Manchmal hat sie den Eindruck, dass alles auf sie einstürzt. Und sie hat Angst, unter dieser Last zusammenzubrechen. In einer solchen Situation braucht sie das Vertrauen, dass sie nicht allein ist mit ihrer Kraft, die ihr zur Verfügung steht, sondern dass die Kraft des Heiligen Geistes ihre allzu geringe Kraft auffüllt. Der Heilige Geist kann ihr den Rücken stärken, damit sie nicht aufgibt, sondern im Vertrauen auf die Stärke, die ihr von Gott her zuströmt, in die Zukunft geht. So bleibt ihr nur das Gebet: »Komm Heiliger Geist und stärke mich! Ich selber schaffe es nicht. Aber du kannst mir die Kraft verleihen, die ich brauche, damit ich all das schaffe, was gerade von mir erwartet wird.«

5. Die Gabe der Erkenntnis/der Wissenschaft

Die Gabe der Wissenschaft hat nichts zu tun mit dem, was wir heute als Wissenschaft bezeichnen. Im Lateinischen steht hier das Wort »scientia«, welches das Wissen und die Wissenschaft meint.

Die christliche Tradition hat schon seit den griechischen Kirchenvätern die Gabe des Wissens der Gabe des Verstandes und der Weisheit zugeordnet. Man hatte dabei die Philosophie des Aristoteles im Sinn, der von drei verschiedenen Weisen des Erkennens spricht: »Die Gabe des Verstandes, lateinisch ›intellectus‹, entspricht der Einsicht, die der Begriffsbildung zugrunde liegt; die Gabe der Wissenschaft, lateinisch ›scientia‹, entspricht der Urteilsbildung; die Gabe der Weisheit,

›sapientia‹, entspricht der Fähigkeit des Philosophen, alles im Lichte der ersten und obersten Grundsätze zu sehen« (Lobkowicz, in: Sandfuchs 26). Die Gabe des Wissens ist demnach die Gabe, die Worte der Schrift und die Lehren der Kirche richtig zu verstehen. Nach Thomas von Aquin richtet sich die (schon weiter oben angesprochene) Gabe der Weisheit auf göttliche Dinge, bei der Gabe des Wissens aber geht es um ein »sicheres Urteil in Angelegenheiten …, die diese Welt, unser tägliches Leben betreffen« (ebd. 27).

Augustinus verbindet die Gabe des Wissens mit der zweiten Seligpreisung: »Selig die Trauernden, denn sie werden getröstet werden.« (Mt 5,4) Augustinus versteht die Trauer als eine Haltung, die uns hier im Leben prägt. »Selig ist, wer trauert, weil er nicht nach Gottes Willen handelte, weil er sich von Meinungen und Dingen dieser Welt verführen ließ« (Zit. n.: ebd. 27). Augustinus hat damit schon vorweggenommen, was die Psychoanalytikerin Margarete Mitscherlich als Trauer über die verpassten Chancen, die zerplatzten Lebensträume, das persönliche Scheitern und das Zurückbleiben hinter den eigenen Ansprüchen an das Leben und an die eigene Person sieht. Wahres Wissen sieht die Welt so, wie sie ist. Sie betrauert, dass die Welt nicht den eigenen Vorstellungen entspricht. Und wahres Wissen sieht auch mich selbst realistisch. Erst wenn ich betraue, dass ich nicht meinen Idealbildern entspreche, dass ich durchschnittlich bin und begrenzt, erst dann habe ich wahres Wissen. Erst dann sehe ich mich realistisch. Und in diesem realistischen Sehen entdecke ich dann auch meine wirklichen Fähigkeiten. Aber erst wenn wir uns von der Trauer den Schleier von unseren Augen nehmen lassen, vermögen wir wahres Wissen über uns und über die Welt zu erlangen.

Die Kirchenväter suchen nicht nur nach der Verbindung der sieben Gaben mit den sieben Seligpreisungen oder den sieben Sakramenten. Sondern sie meditieren auch den inneren Zusammenhang der sieben Gaben. Es ist ja der eine Geist, der sich in diesen sieben Gaben ausdrückt. Gregor der Große etwa sieht zwischen der Gabe der Wissenschaft und der Gabe der Frömmigkeit eine Verbindung. Er schreibt: »Es liegt keine Wissenschaft vor, wenn sie keine Früchte der Frömmigkeit trägt; und Frömmigkeit ist nutzlos, wenn ihr die Unterscheidungen der Wissenschaft abgehen« (zit. n.: ebd. 32).

Diese Erkenntnis ist heute höchst aktuell. Denn in unserer Zeit klaffen Frömmigkeit und Wissen immer weiter auseinander. Da gibt es die Menschen, die sich in die Frömmigkeit flüchten, aber sich zugleich weigern, ihren Verstand zu benutzen. Es gibt die Frömmigkeit, die die Augen vor der Wissenschaft verschließt, die Angst vor den Ergebnissen der Physik und Biologie und vor allem vor den Erkenntnissen der Psychologie hat. Sie wehrt sich gegen alles weltliche Wissen. Aber nur eine Frömmigkeit, die mit dem Wissen verbunden ist, stärkt den Menschen für sein Leben. Eine Frömmigkeit, die das Wissen scheut, wird leicht fundamentalistisch und nähert sich dem Aberglauben. Und sie gibt sich oft genug vor der Welt der Lächerlichkeit preis.

Wissen und Wissenschaft beziehen sich nicht nur auf unsere Frömmigkeit, sondern auch auf das Wissen um die Zusammenhänge dieser Welt, um die Ursachen für die Krisen, um die Folgen, die dabei entstehen können, und um die Strategien, mit denen man darauf reagieren kann. Wir brauchen auch im rein weltlichen Bereich die Gabe des Heiligen Geistes, damit wir uns das richtige Wissen erarbeiten, um den Herausforderungen unseres Lebens gerecht zu werden. Frömmigkeit allein genügt nicht, um alle Probleme lösen zu können. Wir müssen auch genügend Wissen erwerben, um in dieser Welt zurechtzukommen. Es braucht Wissen, um sich etwa in den steuerlichen Angelegenheiten auszukennen, um die Bedingungen für staatliche Hilfen zu erforschen. Unser Wissen ist gefragt, wenn es darum geht, wie wir uns bewerben oder wie wir unsere Rechte wahrnehmen können, die uns der Staat gewährt.

Die Gabe des Wissens benötigen wir gerade in unserer Zeit, in der uns so viel Scheinwissen umgibt. Wenn wir in die Zeitung, ins Internet, ins Fernsehen schauen, kommt uns eine Unmenge von Wissen entgegen. Aber oft ist es nur angelesen und nachgesprochen. Es ist kein Wissen, das uns die Dinge sehen lässt, wie sie sind. Da brauchen wir die Gabe des Heiligen Geistes, damit wir klar sehen, damit wir die inneren Zusammenhänge unserer heutigen Weltsituation wahrnehmen und auch Wege finden, wie wir sinnvoll darauf reagieren sollen. Statt Scheinwissen sollten wir echtes Wissen erwerben.

Es gibt aber nicht nur das Scheinwissen, sondern auch das kalte Wissen. »Wissen ist Macht«, sagt das Sprichwort. Es gibt Menschen, die Wissen gleichsam angehäuft haben, die aber letztlich nicht durchblicken. Sie benutzen ihr Wissen nur, um gegenüber denen Macht auszuüben, die sich in bestimmten Dingen nicht auskennen.

Die Gabe des Wissens ist für Thomas von Aquin dagegen die Fähigkeit, die Zusammenhänge der Welt besser zu verstehen und dann angemessen mit der Welt umzugehen. Diese Gabe muss man sich durch Lernen erwerben. Aber die Tradition sieht darin auch eine Gabe des Heiligen Geistes. Denn damit ich die Dinge richtig erkenne, brauche ich seinen Beistand und seine Erleuchtung. Und ich brauche den Heiligen Geist, damit mein Wissen nicht aufgeblasen, sondern rein und klar ist, damit ich mich absichtslos den Dingen nähere und mein Wissen nicht durch negative Absichten verunreinige.

In Gesprächen erlebe ich oft, dass mir Menschen erzählen, sie würden wegen eines scheinbar unlösbaren Konflikts in der Familie in einer Krise stecken. Sie hätten Gott so oft darum gebeten, er möge ihnen doch helfen. Aber Gott habe nicht geholfen. Wenn sie mir dann den Konflikt näher schildern, dann merke ich, dass sie die psychologischen Zusammenhänge gar nicht kennen. Aber gerade diese sollten sie kennen. Da wäre zuerst einmal Wissen gefragt – und nicht sofort eine fromme Lösung anzustreben. Erst wenn ich um die psychischen Voraussetzungen eines Konflikts weiß und wenn ich die seelischen Mechanismen erkenne, kann ich angemessen reagieren.

Nüchternes Wissen ist hier eine Hilfe, das Problem zu lösen. Doch manche wollen offensichtlich die Zusammenhänge gar nicht erkennen. Sie wollen von mir einen schnellen Rat oder sie wollen von Gott eine Lösung, die es ihnen erspart, das eigene Denken anzustrengen und sich um ein solides Wissen um die Psyche der einzelnen Familienmitglieder zu kümmern.

6. Die Gabe der Frömmigkeit

Das deutsche Wort »Frömmigkeit« klingt eher negativ. Lieber sprechen wir heute von »Spiritualität«. Der negative Beigeschmack von Frömmigkeit rührt von dem weltlosen Verständnis der Frömmigkeit, wie es vor allem im Pietismus entwickelt worden ist. Doch eine weltlose Frömmigkeit hat keine Wirkung in der Welt. Man kann sie leicht als Flucht vor der Realität abtun.

Walter Kasper meint: »Wird die Frömmigkeit weltlos, dann wird die Welt gottlos« (Kasper, in: Sandfuchs 63). Ursprünglich meinte Frömmigkeit – im Griechischen »eusebeia« – die Ehrfurcht vor der Wirklichkeit, vor dem Leben und vor den Ordnungen der Welt. Sie drückte sich vor allem im Kult aus, der damals die Grundlage des Staates war. Wer den Kult verweigerte, der war nicht nur gottlos, sondern er stellte sich auch gegen die Ordnung des Staates.

Die Römer übersetzen »eusebeia« mit »pietas«. Damit bezeichnen sie in erster Linie die achtungsvolle Liebe zu den Eltern, Geschwistern und Verwandten und zum Vaterland. Und pietas wird auch als Gewissenhaftigkeit und als pflichtmäßiges Betragen gegenüber den Eltern oder Gott verstanden. Thomas von Aquin übernimmt dieses Verständnis von Frömmigkeit und verbindet es mit der Verehrung Gottes, der ja unser aller Vater ist. Für Thomas ist die Gabe der Frömmigkeit also die Befähigung zur Verehrung Gottes und zum Dienst an Gott als unserem Vater – und zugleich zum selbstlosen Dienst an allen Menschen. Auch Thomas versteht die Frömmigkeit nicht weltlos, sondern als Verehrung Gottes und als Ehrfurcht vor und Dienst an den Menschen.

Wir können heute nicht mehr in dieses griechische oder römische Verständnis der Frömmigkeit zurück. Christliche Frömmigkeit zeichnet sich zum einen durch die Ehrfurcht vor Gott und vor der Welt aus. Sie nimmt die Welt und ihre Ordnung ernst. Statt die Welt beliebig umzugestalten, versucht die Frömmigkeit, der Welt und ihren Strukturen gerecht zu werden. Zum anderen zeichnet sich christliche Frömmigkeit durch die innere Freiheit aus, die sie der Welt gegenüber einnimmt. »Wer in Gott den letzten Grund und den letzten Sinn seines Daseins findet, wird frei vom Bann und den Unbedingtheitsansprüchen der herrschenden Mentalitäten und Plausibilitäten, er wird frei gegenüber dem, was die Bibel die Welt nennt, womit sie die sich selbst verabsolutierende, in sich selbst verschlossene Welt meint. Der Mut zu einem gewissen Nonkonformismus, zu alternativen Lebensformen gehört unabdingbar zur Nachfolge Jesu« (ebd. 68).

Der fromme Mensch passt sich nicht einfach der Welt an. Er betet nicht die Meinungen der Marktführer nach. Er bildet sich seine eigene Meinung und hat die innere Freiheit, diese Meinung auch zu vertreten, auch wenn sie lächerlich gemacht wird. Das Meinungsmonopol, das heute in unserer Gesellschaft herrscht, führt oft genug zur Blindheit den Gefährdungen unseres wirtschaftlichen und sozialen Systems gegenüber. Der fromme Mensch traut sich, in aller Freiheit diese Welt mit seinen eigenen Augen zu sehen und auf das hinzuweisen, was dem Wohl der Menschen widerspricht.

Der andere Aspekt der Frömmigkeit ist die Gerechtigkeit. Die Bibel preist den gerechten Menschen. Damit meint sie oft nichts anderes als den frommen Menschen. Christliche Frömmigkeit »kann sich nicht fein heraushalten aus den Konflikten, wenn es um den Kampf gegen Armut und Unterdrückung wie um die Verwirklichung von Menschenwürde, Recht und Gerechtigkeit für alle Menschen geht, sie kann nicht neutral über allen Fronten stehen; Frömmigkeit ist mystisch und politisch zugleich« (ebd. 69). Die christliche Frömmigkeit ist eine weltliche Frömmigkeit. Sie ist Gottesdienst im Alltag der Welt. So ist sie eine Hilfe, auch dann in dieser Welt zu bestehen, wenn alles drunter und drüber geht, wenn die alte Ordnung sich auflöst und eine neue Ordnung noch nicht in Sicht ist.

Doch wie soll die Gabe der Frömmigkeit helfen, in dieser Welt zurechtzukommen? Zunächst ist die Frömmigkeit eben nicht nur eine Haltung, die wir selbst einüben müssen, sondern eine Gabe. Sie ist die Gabe des Heiligen Geistes, der uns befähigt, diese Welt so zu behandeln, wie es dem Willen Gottes entspricht. Somit befreit uns die Frömmigkeit von einer Gier, in der wir die Welt für uns ausbeuten möchten. Sie weist uns den Weg, so mit der Welt umzugehen, dass wir ihre innere Struktur wahren und achten. Sie ist nicht nur die innere Kraft, in den Krisen standzuhalten, sondern auch die Befähigung, diese Welt auf neue Weise zu gestalten – und zwar so zu gestalten, dass sie dem Willen Gottes entspricht.

Heute versuchen viele Wirtschaftler oder Politiker, mit schnellen Programmen der Krisen Herr zu werden. Aber oft genug scheint dahinter ein Aktionismus zu stecken, der sich weigert, die tieferen Ursachen der jeweiligen Krise anzuschauen. Frömmigkeit ist die Bereitschaft, in der jeweiligen Krise nach dem Willen Gottes zu fragen. Was will Gott uns durch diese Krise sagen? Und welche Wirtschaftsordnung entspricht dem Willen Gottes? Es geht nicht darum, die alte Ordnung nur zu reparieren. Wir müssen uns vor Gott Rechenschaft darüber ablegen, ob das, was wir entwerfen, auch der Welt Gottes entspricht und den Menschen zum Heil dient.

Frömmigkeit im christlichen Sinn ist auch die Bereitschaft, in den persönlichen Lebenskrisen nach dem Willen Gottes zu fragen. Jede Krise will mir auch etwas sagen. In jeder Krise wird etwas in meinem Leben geschieden. Es wird auseinandergenommen, damit es neu zusammengesetzt werden kann. Es geht nicht darum, die Krise möglichst schnell zu beheben, sondern sie als Herausforderung zu verstehen, mich neu auf Gott hin auszurichten und mein Leben auf Gott zu bauen – und nicht auf die Dinge, die mir nun in der Krise aus der Hand genommen werden oder unter meinen Händen zusammenbrechen.

Die fromme Lösung überspringt nicht die psychologische Erkenntnis über die Ursachen oder über die innere Bedeutung meiner Krise. Sie nimmt diese ernst. Aber sie sucht keine schnellen »Tricks«, um die Krise zu meistern.

Fromm ist der Mensch, der seine Krise Gott hinhält und diese vor Gott erst einmal mit rein wissenschaftlichen Augen anschaut, dann aber auch mit den Augen des Glaubens. Die Augen des Glaubens zeigen mir, dass die Krise mich letztlich für Gott aufbrechen möchte und dass ich ein tragfähiges Fundament für mein Lebensgebäude brauche, das letztlich nur Gott sein kann.

7. Die Gabe der Gottesfurcht

Die Bibel spricht davon, dass die Furcht des Herrn der Anfang aller Weisheit sei (vgl. Ps 111,10). Doch heute tun wir uns mit dem Begriff »Furcht des Herrn« schwer. Wir möchten von einem Angst machenden Gott nichts mehr wissen.

Doch Furcht ist etwas anderes als Angst. Der Alttestamentier Gerhard von Rad meint, im biblischen Begriff der Furcht des Herrn trete das Emotionale zurück. Es meine vielmehr die Bindung an Gott und das Wissen um ihn. Die Religionspsychologen sprechen von Gott als dem Faszinosum und dem Tremendum. Gott ist durchaus der, der mich innerlich erschüttern und mir »in die Knochen fahren« kann. Jede tiefe Erfahrung – ob es nun die überwältigende Schönheit eines Sonnenaufgangs ist oder das Bedrohliche eines Gewitters – erschüttert die menschliche Seele. Diese Erfahrung hat etwas von Furcht an sich. Furcht Gottes meint demnach, dass ich von Gott betroffen werde, dass ich Gott ernst nehme, dass ich um die Erhabenheit und Andersheit Gottes nicht nur vom Verstand her weiß, sondern dies in meinem Herzen fühle.

Für Thomas von Aquin ist die Gabe der Gottesfurcht die Befähigung des Willens, sich ganz Gott zu unterwerfen und Gottes Willen zu erfüllen. Er bringt die Gottesfurcht mit den Tugenden der Hoffnung, der Liebe und der Demut in Verbindung. Die Furcht Gottes ist kein Gegensatz zur Liebe, sondern befähigt die Liebe vielmehr, sich ganz und gar Gott zu unterwerfen und mit Gott eins zu werden. Die Gottesfurcht beflügelt die Liebe, das Böse zu meiden, damit Gott alle Bereiche unseres Leibes und unserer Seele durchdringen kann.

Thomas zitiert ein Wort von Papst Gregor dem Großen: »Die Furcht wird gegeben gegen den Stolz« (Zit. n.: Schindler 27). Der Stolz besteht ja darin, dass wir Gott gleich sein wollen. Wir sind dann nicht bereit, uns Gott zu unterwerfen. Wir wollen wie Gott sein. Dieses Sein-wollen-wie-Gott ist für die Bibel die Ursünde. Das Sein-wollen-wie-Gott ist auch heute in unserer Gesellschaft eine ständige Gefährdung.

Wie soll uns die Gottesfurcht helfen, heute in unserer Welt bestehen zu können? Zunächst könnte man sagen, dass die

Gottesfurcht von Menschenfurcht befreit. Wer in Gott seinen Grund hat, der braucht sich nicht bei allen Menschen beliebt zu machen. Er baut sein Lebenshaus nicht auf dem Sand der Illusion, alle würden ihn anerkennen. Er baut sein Haus auf dem Felsen Gottes. Der heilige Benedikt verlangt vom Cellerar, dem wirtschaftlichen Leiter eines Klosters, dass er gottesfürchtig sei (vgl. Benediktsregel 31,2). Die Gottesfurcht – so meint Benedikt – befähigt auch dazu, mit dieser Welt richtig umzugehen und sich nichts auf die eigene Macht einzubilden. Die Gottesfurcht vermittelt dem Cellerar das Bewusstsein, dass er den Brüdern und dem Kloster zu dienen hat, anstatt seine eigene Welt aufzubauen, in der es nur um seinen Erfolg geht.

Die Gottesfurcht löst nicht all meine Krisen. Aber sie relativiert sie. Wenn eine Krise mein Leben erschüttert, dann werde ich die Krise nicht gleich mit dem Willen Gottes gleichsetzen und annehmen, dass Gott mir die Krise geschickt habe. Vor allem Begriffe wie »Strafe Gottes« sollten wir in diesem Zusammenhang auf jeden Fall vermeiden.

Aber ich kann die Erschütterung durch die Krise durchaus auch als ein Erschüttertwerden durch Gott verstehen. Gott berührt mich in der Krise. In der Krise werde ich durcheinander geschüttelt. Dann spüre ich, dass ich mein Leben nicht einfach im Griff habe, sondern dass es immer wieder Erschütterungen geben wird, die mich ermahnen wollen, mein Leben neu zu ordnen und meine Maßstäbe anders zu setzen.

DIE PFINGSTSEQUENZ
ALS HILFE IN DER KRISE

Wenn ich mich nun der Pfingstsequenz zuwende und sie meditiere, dann scheint das zunächst keine Antwort auf die Krise unserer Zeit und auf die vielen persönlichen Krisen zu sein. Doch in der Vergangenheit haben die Christen immer dann zur Pfingstsequenz »Veni sancte spiritus« oder der zum Pfingsthymnus »Veni creator spiritus« gegriffen, wenn sie nicht weiterwussten. Diese Texte waren ihnen Hilfe, wenn sie sich von den äußeren oder inneren Umständen her überfordert fühlten und keinen Ausweg aus ihrer Krise wussten. Auch wenn die Meditation der Pfingstsequenz oder des Pfingsthymnus keine Handlungsanweisung für den Umgang mit Krisen ist, so haben die Christen früherer Zeiten doch in der Meditation dieser Texte eine Hilfe und Ermutigung erfahren, sich den Herausforderungen des Lebens zu stellen.

Die Pfingstsequenz »Veni sancte spiritus« wurde von Stephan Langton um das Jahr 1200 verfasst. Stephan Langton wurde 1150 aus englischem Adelsgeschlecht geboren. Er war lange Zeit Professor der Theologie in Paris und seit 1207 Erzbischof von Canterbury. Er starb 1228. Die Melodie ist wohl auch um das Jahr 1200 entstanden. Sie ist eine der bedeutendsten Melodien aus der Spätzeit des gregorianischen Chorals.

In der Meditation dieses wunderbaren Textes möchte ich mich an die Gedanken halten, die Alfred Delp im Jahre 1944 im Gefängnis von Berlin-Tegel geschrieben hat. Und ich möchte versuchen, seine Auslegungen auch auf unsere Zeit hin zu aktualisieren. Alfred Delp war am Morgen des 28. Juli 1944 unmittelbar nach der Feier der heiligen Messe in München/Bogenhausen verhaftet worden. Nach dem Attentat auf Hitler war man im Zusammenhang mit dem Kreisauer Kreis, in dem Delp – im Einverständnis mit dem Jesuitenorden, dessen Mitglied er war – mitarbeitete, auch auf seinen Namen gestoßen. Zunächst war Delp in der Gestapozentrale in München in Haft. Am 7. August wurde er nach Berlin überstellt. Dort blieb er im Gefängnis, zunächst in der Lehrterstraße, dann in Berlin-Tegel und schließlich in Plötzensee, wo er am 2. Februar 1945 hingerichtet wurde. Als politischer Häftling war Alfred Delp besonderen Haftverschärfungen ausgesetzt. Tag und Nacht musste er Handschellen tragen. Mit gefesselten Händen schrieb er auf kleinen Kassibern, die er durch einen Gefängniswärter nach außen schmuggeln konnte, Briefe an Freunde und spirituelle Betrachtungen zu den Festen des Kirchenjahres. So schrieb er zu den Gestalten des Advents, zu Weihnachten und zur Epiphanie. Pfingsten hat Alfred Delp im Gefängnis nicht erlebt. Die Betrachtung zur Pfingstsequenz schrieb er zum einen, weil sie das Lieblingsgebet der kleinen Gemeinschaft in Bogenhausen war, in der er zuletzt lebte. Zum anderen schrieb er diese Betrachtung, um selbst Kraft in den so bedrängenden Wochen des Gefängnisses und der ständigen Ungewissheit daraus zu schöpfen. Diese Meditation wurde dann für ihn selbst eine Quelle der Ermutigung für seine existenzielle Krise, in die er durch die Verhaftung und Verurteilung gestellt war.

Alfred Delp hat seine Auslegung der Pfingstsequenz in einer politisch und persönlich hochbrisanten Situation geschrieben. Er hatte sich im Kreisauer Kreis engagiert, einer Widerstandsgruppe gegen den Nationalsozialismus. Er hatte sich in die Politik eingemischt. Er hat mit den Gesinnungsgenossen im Kreisauer Kreis – Adligen, Politikern und Offizieren – an einer neuen politischen Ordnung gearbeitet, die nach dem Zusammenbruch des Dritten Reiches für Deutschland zum Segen werden sollte. Im Gefängnis musste er nun damit rechnen, dass er von den Nazis hingerichtet würde.

Alfred Delp spürte den Ungeist seiner Zeit, der ein ganzes Volk erfasst hatte und zum Fluch für die ganze Welt wurde. In dieser Situation setzt er seine Hoffnung auf den Heiligen Geist, der den Ungeist vertreiben und die Welt mit heiligem und heilendem Geist erfüllen kann. Seine Meditation über die Pfingstsequenz ist deshalb gerade auch in unserer Zeit höchst aktuell. Wir versuchen ja auch, eine Ordnung jenseits der bisherigen kapitalistischen Ordnung des Neoliberalismus zu entwerfen. Wir wollen die Wirtschaft auf Dauer menschlicher machen, damit sie zum Segen für die Menschen wird und die Welt werden kann.

Mögen die Gedanken von Alfred Delp, die er mit seinem eigenen Leben besiegelte, auch uns heute stärken. Für Alfred Delp waren diese Gedanken offensichtlich eine Hilfe, sich selbst nicht aufzugeben. Im Gefängnis schwankte er zwischen Hoffnung und Mutlosigkeit. Die Meditation der Pfingstsequenz stärkte seine Hoffnung. Sie führte ihn mitten in einer unmenschlichen Welt in eine andere Welt. Dies war keine Flucht aus dem Gefängnis in eine fromme Scheinwelt, sondern ein Eintauchen in die Welt des Heiligen Geistes, um die grausame Welt des Gefängnisses und der unmenschlichen und ungerechten Verhöre bestehen zu können.

Veni sancte spiritus – Komm, Heiliger Geist
Die eigentliche Bitte um den Heiligen Geist ist die, dass er kommen möge. Zwar glauben wir, dass der Geist Gottes immer in uns ist. Aber da wir selbst nicht bei uns sind, müssen wir bitten, dass der Geist kommen möge und dass wir so seine Ankunft erfahren dürfen.

Der Heilige Geist ist immer in Bewegung. Auch wenn er schon in uns ist, so will er doch immer mehr zu uns kommen, uns mit seiner Liebe, mit seiner verwandelnden und antreibenden Kraft durchdringen. Da das lateinische Wort »spiritus« sowohl Geist wie auch Wind und Atem bedeutet, entspricht ihm das Wort »veni« – »komm« noch mehr. Der Geist als Wind ist immer in Bewegung, immer der Kommende, der Rauschende, der Wehende.

Die Bitte um das Kommen des Heiligen Geistes ist zugleich die Bitte, dass wir selbst immer in Bewegung bleiben, dass wir nicht in unserer Frömmigkeit erstarren, sondern als lebendige Zeugen für Gottes heilendes und befreiendes Wirken in dieser Welt bestehen können.

In Situationen, in denen wir nicht mehr weiterwissen, ist es gut, den Heiligen Geist zu bitten, dass er kommen möge, um uns mit seiner Kraft zu erfüllen.

Et emitte caelitus – Und sende vom Himmel her
Gottes Geist möge uns vom Himmel her seine Kraft und seinen Beistand senden. Die eigentliche Hilfe kommt nicht aus unserer Kraft, sondern vom Himmel her. Dazu Alfred Delp:

»Die Kreatur muss über sich selbst hinaus rufen, um der wirklichen Kraft teilhaft zu werden« (265f).

Alfred Delp meint, als Gefangener lebe er gerade den Beweis für diese Wahrheit, dass das wahre Leben von Gott her kommt und nicht aus uns selbst: »Alles, was ich an Sicherheit und Klugheit und Schläue mitbrachte, ist unter der Wucht und Härte der Widrigkeiten zersplittert. Dios solo basta. Diese Monate haben mir viel zerschlagen, dem Urteil nach zuletzt die ganze physische Existenz. Und doch sind so viele Wunder geschehen. Gott hat diese Sache ganz in seine eigene Regie genommen. Und ich habe das Rufen gelernt und das Warten auf die Botschaft und Kraft der ewigen Berge« (264). Als Delp im Gestapogefängnis gefoltert wurde, konnte er es kaum aushalten. Die Erfahrung, dass er sich nicht auf seine eigene Widerstandskraft zu verlassen braucht, sondern dass da eine andere Kraft in ihm ist, hat ihn durchhalten lassen.

In einer Krise fühlen wir uns oft genug überfordert. Wir haben keine Hoffnung, je diese Krise zu überwinden. Da sollten wir wie Alfred Delp unsere Hoffnung auf die Hilfe vom Himmel her setzen. Dann können wir frei gegenüber den inneren und äußeren Gefängnissen werden, in denen wir sitzen. Dann weitet sich unser Blick und wir ahnen, dass wir mitten in der Enge und Dunkelheit unseres Lebens in der Hand dessen sind, der jenseits aller Enge im Himmel wohnt und vom Himmel her auf uns herabschaut und uns emporzieht.

Lucis tuae radium – Deines Lichtes Strahl
Der Heilige Geist ist Licht. Er will Licht in unsere Dunkelheit bringen. Der Mensch, so meint Alfred Delp, ist von Gott als helles, lichtes Wesen geschaffen worden. Aber wir haben

uns dann selbst geblendet. Wir haben das Licht in uns durch Sünde und Schuld verdunkelt: »Der Mensch ist nie kränker, als wenn er sich in Verwirrung und Verirrung verstrickt weiß. Das ist der erste Sinn dieses Flehrufes: dass das Licht Gottes die kreatürliche Düsterkeit und die schuldhafte Finsternis überwinde, uns die Träume und die Furcht aus den Augen wische und uns wieder sehend mache« (265).

In uns steckt eine tiefe Sehnsucht nach Licht. Oft genug haben wir den Eindruck, hier auf dieser Erde im Dunkeln zu tappen. Wir blicken nicht durch. Wir verstehen nicht, was all diese Schicksalsschläge bedeuten sollen. Wir erkennen nicht, warum wir in die Krise geraten sind. Wir sehnen uns nach dem Licht der Erkenntnis, damit wir klar sehen, wie unsere Situation ist und wie wir aus der Enge herausfinden. Und wir sehnen uns nach dem milden Licht der göttlichen Liebe, in dem wir alles, was in uns ist, mit einem milden Blick anschauen und bejahen können und in dem wir aufhören, uns selbst zu verurteilen.

Veni pater pauperum – Komm, Vater der Armen
»Dreimal stimmt die Kreatur jetzt das Veni an, durch das sie ihre Einsamkeit durchbricht und ihre Not in die heilende Nähe Gottes ruft« (265). Wir sind wesentlich die Armen, die Bedürftigen. Wir haben an uns selbst nicht genug. Das deutsche Wort »arm« bedeutet ursprünglich »verwaist«. Es beschreibt den vereinsamten, bemitleidenswerten und unglücklichen Menschen, der niemanden hat, der ihm beisteht. Wir sind leer, wir brauchen den »Vater«, der unsere leeren Hände füllt. Wir brauchen den Vater, der uns das Rückgrat stärkt und der uns den Rücken frei hält, den Vater, an den wir

uns anlehnen können und in dessen Nähe wir die eigene Kraft erfahren.

Alfred Delp hat im Gefängnis Gottes väterliche Liebe erfahren: »Dem Menschen, der seine Bedürftigkeit anerkennt, der die Eitelkeit, die Anmaßung, die Sicherheit, die Überhebung, den Bettlerstolz von sich tut und sich Gott in seiner nackten Ungeborgenheit und Unversorgtheit vorstellt, dem geschehen Wunder der Liebe und Erbarmung. Von der Tröstung des Herzens und der Erleuchtung des Geistes bis zur Stillung von Hunger und Durst« (266).

Veni dator munerum – Komm, du Geber der Gaben

Der Heilige Geist wird hier als »Geber der Gaben« bezeichnet. Er ist selbst die größte Gabe, die Gott uns schenkt. Alfred Delp meint: »Dort, wo wir selbst krank und müde seien, sollten wir den Spender aller Gaben rufen.«

Die größte Gabe, die uns der Heilige Geist schenkt, ist, dass er uns zu Ebenbildern des Sohnes macht. Er formt in uns das einmalige Bild, zu dem Gott uns gemacht hat. Er bringt uns in Berührung mit der unverfälschten Gestalt, zu der Gott uns formen möchte. Für Delp ist der Heilige Geist aber auch Spender der sieben Gaben des Heiligen Geistes. Mit den sieben Gaben – so meint Delp – ist »ja nichts anderes gemeint, als die Ausrüstung des Menschen mit neuen Fähigkeiten und Lebenstüchtigkeiten. Das übernatürliche Leben in uns ist echtes Leben, also differenziert. Je mehr Sinne in einem Menschen wach und aufnahmefähig sind, desto mehr lebt er. Je mehr Fähigkeiten der Gestaltung er einsetzen kann, desto mehr lebt er. Dies alles wächst und wird tüchtiger und kundiger, wenn geistige Organe wachsen unter dem schöpferischen Segen des dator munerum« (267). Damit wir gut durch die Schwierigkeiten unseres Lebens kommen, brauchen wir den Heiligen Geist, der uns seine Gaben schenkt und die Gaben, die wir von Kindheit an in uns tragen, mit seiner göttlichen Kraft erfüllt und stärkt.

Veni turnen cordium – Komm, du Licht der Herzen

Auch hier wird der Heilige Geist als Licht gesehen. Er soll unser Herz erleuchten. Für Alfred Delp geht es in dieser Bitte darum, dass unser Leben »an seinen Quellen und Wurzeln« geheilt wird. »Die Verwirrung des Herzens ist die tiefste Verwirrung, die den Menschen überfallen kann. Ein Mensch ist so viel Mensch, als er Herz einzusetzen hat und einsetzt. Das heißt, als er liebt. Damit ist ein Schlüssel zum Menschenleben und zur Menschengeschichte gefunden, der viele Rätsel aufschließt.« (268)

Der Heilige Geist möge kommen, so beten wir hier, um uns unser Herz zu erhellen. Er möge alle Abgründe unseres Herzens durchleuchten, damit er mit seinem heilenden und erhellenden Licht alles in uns berühren und verwandeln kann. Der Heilige Geist soll in unserem Herzen – in der Herzmitte unseres Daseins – wohnen. Er soll uns das rechte Gespür schenken, damit wir von unserem Herzen aus erspüren, was für uns stimmt und was nicht. »Wenn unser Herz richtig schlägt, ist alles in Ordnung. Der Geist Gottes erbarme sich dieses armen, törichten, hungernden und frierenden, einsamen und verlassenen Herzens und erfülle es mit der wärmenden Sicherheit seiner Gegenwart.« (269) Wenn unser Herz vom Licht der Liebe erfüllt wird, können wir vertrauensvoll durch die Dunkelheit gehen, in die uns das Leben oft genug hineinführt.

Consolator optime – Du bester Tröster

Trösten besteht für Alfred Delp »nicht im billigen Wegreden der trostlosen Lage. Sondern … im Schaffen neuer Zustände, über die der Geist wieder sich freuen kann, zufrieden sein kann« (269). Das lateinische Wort »Con-solator« meint eigentlich, mit dem Einsamen sein, in seine Einsamkeit hineingehen, mit ihm seine einsamen Wege gehen und bei ihm in seiner Not und in seiner Verschlossenheit bleiben.

Das deutsche Wort Trost kommt von Treue und meint die Standfestigkeit. Wer trostlos ist, hat keinen Stand. Er braucht jemanden, der bei ihm steht und der ihm beisteht. Er braucht den Beistand, den Christus uns verheißen hat: den Heiligen Geist. Dieser Paraklet, dieser Herbeigerufene spricht zu uns dann Worte, die uns aufrichten und uns neue Wege eröffnen.

So ist der Heilige Geist als der Beistand der beste Tröster, den wir bekommen können. Er tritt in unsere Einsamkeit ein, er geht mit uns und steht uns bei. Er spricht nicht nur tröstende Worte zu uns, sondern er steht uns bei und schenkt uns so einen neuen Stand und ein neues Stehvermögen. So fallen wir nicht um, wenn uns ein Schicksalsschlag trifft. Wir bleiben stehen, weil der Geist Gottes uns beisteht.

Dulcis hospes animae – Süßer (angenehmer) Freund der Seele

Alfred Delp übersetzt »hospes« nicht mit Gast, sondern mit Freund. Und er bedauert, dass wir zu dem Wort »süß« keine rechte Beziehung mehr haben. Es ist »dem Erlebnisfeld der menschlichen Liebe entnommen. Das Traurige ist nur, dass wir heute weder aus dem Erlebnis der Liebe noch aus der Wirklichkeit der Religiosität eine echte Beziehung zu den Worten haben, die eine innere Beseligung meinen, von unerhörter Intimität. Wir sind als Anbetende sowohl wie als Liebende verkümmert« (271).

Der Heilige Geist ist der süße Freund der Seele. Er wohnt in uns, wie der Geliebte oder die Geliebte in uns wohnen. Vor allem in der Frauenmystik wurde Jesus als Bräutigam angesehen und beschrieben. Der Heilige Geist wurde dagegen eher als weiblich verstanden, etwa wie in dem berühmten Fresko von Urschalling in der Nähe des Chiemsees. Der Heilige Geist ist wesentlich Beziehung und Liebe. Wenn er in uns wohnt, dann ist Gottes Liebe in uns. Wenn er wirkt, dann strömt die Liebe zwischen Vater und Sohn auch in uns und nimmt uns in den liebenden Austausch des dreifaltigen Gottes hinein. Der süße Gast unserer Seele ermöglicht es uns, dass wir gerne bei uns sind und unseren Leib und unsere Seele bewohnen. Wir fühlen uns in unserer Seele nicht allein, sondern besucht vom süßen Freund der Seele.

Dulce refrigerium – Süße Erfrischung

Das lateinische Wort »refrigerium« bedeutet Kühlung, Linderung, Labsal und Trost. Der Heilige Geist bietet als Freund einen Raum an, in dem man aufatmen kann, in dem sich die Hitze der Leidenschaft abkühlt und Verletzungen Linderung erfahren.

Für Alfred Delp meint diese Anrufung des Heiligen Geistes, »dass die geistige Stärkung und Erhebung und Beseligung, die mit dem dulce gemeint ist, sich wirklich wie Temperatur im Raum verbreitet und das Klima plötzlich voller Zuversicht und Menschenfreundlichkeit ist« (271). Der Heilige Geist ist wie eine Quelle, deren frisches Wasser den müden Wanderer erquickt und belebt. Der Heilige Geist sagt uns, dass in uns selbst diese Quelle ist, die uns immer wieder erfrischt, belebt und erneuert. Wenn wir aus dieser inneren Quelle trinken, schöpfen wir die Kraft, um schwierige Situationen in unserem Leben zu bestehen.

In labore requies – In der Mühsal bist du die Ruhe

In der vierten Strophe nennt uns die Sequenz drei Grundnöte des Menschen. Die erste ist die Mühe, die Ermüdung, die Plage des Alltags. Für Alfred Delp ist mit »labor« gemeint »der gehetzte, gejagte Mensch der totalen Dienstverpflichtung und der totalen Sorge und der totalen Ruhelosigkeit. Pflicht und Not und Gefahr lassen den Menschen keine Minute aus ihrem zwingenden Bann. Und dann kommt erst noch die persönliche Mühsal, die Not des Herzens, die Sorge um die lieben Menschen dazu. Das ist unser Leben geworden: in labore: die Mühsal und Unstetigkeit und Ungeborgenheit« (272). Was Alfred Delp im Jahre 1944 als Not des Menschen beschrieben hat, hat sich heute verstärkt. Ruhelosigkeit, Hektik, Gehetztsein, Ausgebranntsein – das sind die Grundnöte unserer Zeit. Der Mensch fühlt sich gestresst. Er kommt nicht zur Ruhe. Selbst wenn er einmal nichts zu tun hat, flieht er aus Angst vor der eigenen Wahrheit in tausend Beschäftigungen.

Die innere Unruhe ist oft ein Zeichen dafür, dass jemand in die Krise geraten ist. Nichts hilft ihm dann, diese Unruhe zu überwinden. Auch die äußere Ruhe verschafft ihm keine innere Ruhe. Die wirkliche Ruhe kommt von innen, von der inneren Quelle des Heiligen Geistes, die in uns sprudelt: »In uns selbst strömen die Quellen des Heiles und der Heilung. Gott ist als ein Brunnen in uns, zu dem wir zu Gast und Einkehr geladen sind. Diese inneren Quellen müssen wir finden und immer wieder strömen lassen in das Land unseres Lebens. Dann wird keine Wüste.« (273)

In aestu temperies – Du milderst die Glut
Die Glut beschreibt die zweite Grundnot des Menschen: die Bedrängnis durch die eigenen Leidenschaften, durch den inneren Vulkan, der jeden Moment auszubrechen droht, das Feuer der Gier, das alles in uns verbrennen kann. Es meint aber auch die äußere Bedrängnis, die manchmal wie ein Feuersturm erscheint. Die zweite Grundnot des Menschen ist nach Alfred Delp, »dass er sich immer wieder das Herz verbrennt und die Hände und die Flügel seines Geistes und sich immer wieder eingefangen weiß von den wilden Ausbrüchen des Daseins« (275). Der Heilige Geist wird hier als der beschrieben, der uns das rechte Maß schenkt, der die Glut lindert und abmildert. Die Grundbedeutung des lateinischen Wortes »temperare« ist, zwei Dinge richtig miteinander vermischen. Der Heilige Geist stellt in uns eine gesunde Spannung her zwischen Geist und Trieb, zwischen Feuer und Kühlung. Er setzt unsere Leidenschaft auf das rechte Maß. »Nur die des Heiligen Geistes voll sind, werden in diesen Zeiten der brennenden Bedrängnis noch ein Wort zu sagen und ein Werk zu wagen haben. Die Gabe der Kunst der Maße, des echten Überblickes, der gestrafften Zügel und wiederhergestellten Dämme und die Gabe des starken Mutes zur Beständigkeit und Beharrlichkeit gehören zusammen. Diese Kreatur der heutigen Not muss den Geist rufen oder sie wird verbrennen.« (276)

Manche erleben ihre Lebenskrise wie ein Feuer, das das bisherige Lebensgebäude den verzehrenden Flammen ausliefert. Andere werden vom Feuer ihrer Leidenschaften in die Krise geworfen. Sie kennen sich dann mit sich selbst nicht mehr aus. Auf einmal entbrennt in einem sonst eher schüchternen und vorsichtigen Menschen eine Leidenschaft von Wut oder sexueller Gier, die ihn buchstäblich ins Feuer wirft. In solchen Situationen bitten wir den Heiligen Geist, dass er unsere innere Hitze kühlen möge.

In fletu solatium – Im Weinen bist du Trost
»Die dritte Grundnot der armen Kreatur: dass sie immer wieder das große Weinen stößt, der große Kummer sie überkommt, den Einzelnen und ganze Geschlechter.« (276) Heute ist die äußere Not längst nicht so groß wie zur Zeit, als Alfred Delp im Gefängnis saß. Aber das »in fletu« – »im Weinen« – drückt dennoch treffend das heutige Daseinsgefühl aus. Eine diffuse Depressivität prägt die Stimmungslage der heutigen Gesellschaft. Man jammert und badet sich im eigenen Selbstmitleid.

Aber es gibt auch das echte Leid, das Weinen um den Verlust eines lieben Menschen, das Weinen über das eigene Versagen und über das Zerbrechen aller Lebensentwürfe. In unserem Leid ist der Heilige Geist Tröster und Trost. Er ist keine billige Vertröstung, sondern einer, der in unserer Not mit uns ist, der es im Haus unserer Angst und unseres Weinens aushält und der das Weinen in Tanzen verwandelt. Alfred Delp hat diesen Tröstergeist selbst erfahren, als er es im Berliner Gefängnis vor Schmerzen fast nicht mehr ausgehalten hätte: »Wenn ich an die Nacht in der Lehrterstraße denke, in der ich Gott um den Tod gebeten habe, weil ich diese Ohnmacht nicht mehr ertragen konnte, dieser Wucht und Wut mich nicht mehr gewachsen fühlte. Wie ich die ganze Nacht mit

dem Herrgott gerungen und einfach meine Not ihm hinge-
weint habe. Und erst gegen Morgen strömte die große Ruhe
in mich ein, eine beglückende Empfindung von Wärme und
Licht und Kraft zugleich, begleitet von der Erkenntnis: du
musst es durchstehen – und gesegnet durch die Zuversicht: du
wirst es durchstehen. In fletu solatium. Das ist der Tröstergeist, das sind die schöpferischen Dialoge, die er mit dem
Menschen führt, die geheimen Weihen, die er erteilt und kraft
derer man leben und bestehen kann« (277 f.).

Alfred Delp hat den Heiligen Geist in seinem Inneren erfahren als den, der mit ihm einen inneren Dialog führt. Wir
kennen in uns oft Gedanken, uns selbst aufzugeben und unserem Leben ein Ende zu bereiten, weil wir es nicht mehr aushalten. Da brauchen wir den Heiligen Geist als inneren Dia-
logpartner, der mit diesen zerstörerischen Gedanken spricht
und sie entmachtet und auflöst, der uns so mitten in der aus-
sichtslosen Situation Trost und Hoffnung verleiht.

O lux beatissima – O, du glückseliges Licht
Zum dritten Mal nennt die Sequenz den Heiligen Geist ein
Licht, sie nennt ihn nun das glückselige Licht. Um die Erfahrung des Heiligen Geistes als Licht zu erklären, bezieht sich
Alfred Delp auf Erlebnisse, die er in seinem Urlaub im Sommer gemacht hat: »Es gibt Tage im Sommer, in denen das
Licht uns als spürbarer Segen umgibt. Etwa auf einer Wald-
wiese oder mitten in einem reifenden Kornfeld oder auf einem
See. Das Empfinden des Menschen öffnet und weitet sich, er
weiß sich eins mit der Kreatur um ihn herum und erfährt eine
beglückende Ahnung von den reifenden und heilenden und
segnenden Kräften, die im Kosmos geborgen sind« (278). Für

mich ist die Sonne ein wichtiges Bild, um den Heiligen Geist spürbar zu erfahren. Wenn ich mich in die Sonne setze – nicht in die pralle, sondern in die angenehm wärmende Sonne –, dann stelle ich mir vor, wie die Sonnenstrahlen meinen ganzen Leib durchdringen. So kann ich erahnen, wie Gottes Liebe im Heiligen Geist durch die Haut eindringt in alle Kammern meines Leibes und meiner Seele – und gerade auch in die Bereiche, die ich vor mir selbst verschlossen habe, weil ich da lieber nicht hinschauen möchte. Wenn ich das zulasse, dann fühle ich mich ganz und gar geliebt, durchliebt, von Gottes Liebe umhüllt und durchdrungen. Das ist für mich die tiefste und zugleich beglückendste Erfahrung des Heiligen Geistes. Aus so einer Erfahrung heraus gehe ich anders in meinen Alltag und kann mit meinen Problemen anders umgehen.

Reple cordis intima – Erfülle das Innere des Herzens
Der Heilige Geist soll das Innerste meines Herzens erfüllen. Gottes Liebe soll im Heiligen Geist bis auf den Grund meines Herzens dringen, dass ich mich ganz und gar geliebt weiß. Für Alfred Delp drückt diese Bitte aus, dass es »um ein Leben der Intimität mit Gott« geht: »Es geht um die gesteigerte Verwirklichung der personalen Beziehung, als die allein Religiosität etwas taugt. Wie eine Freundschaft, eine Liebe eben als Liebe, im liebenden Austausch und Dialog durch alle Seinsschichten sich vollzieht und so immer mehr wird, so gilt es hier auch. Nur dass der schöpferische Partner hier der Geist Gottes allein ist, um dessen segnendes Kommen wir bitten« (279).

Der Heilige Geist ist wesentlich Liebe, Beziehung, Intimität, Vertrautsein, In-Eins-Sein und Austausch. An den Heiligen Geist glauben heißt, um die Liebe Gottes zu wissen, die bis in das Innerste meines Herzens vordringt, um alles in mir zu heilen und mit Liebe zu erfüllen. Der Heilige Geist steht für die personale Liebe zwischen Gott und mir. Aber er steht auch für eine Liebe, die aus mir herausstrahlen möchte.

Es gibt Menschen, von denen ich den Eindruck habe, dass sie nur Liebe sind. Sie sind nicht in einen bestimmten Menschen verliebt, sondern sie strömen Liebe aus zu allem hin, was sie berühren: zur Natur, zu den Dingen ihres Alltags, zu den Menschen. Sie sind voll des Heiligen Geistes. Die Bitte der Pfingstsequenz entspringt unserer tiefsten Sehnsucht, nicht nur zu lieben und geliebt zu werden, sondern selbst Liebe zu sein. Auf dem Grund unseres Herzens ist diese Liebe immer verborgen. Doch es braucht den Heiligen Geist, dass er diese Quelle der Liebe zum Strömen bringt und unseren Leib und unsere Seele durchdringt.

Tuorum fidelium – Deiner Gläubigen

Der Heilige Geist wirkt nicht automatisch auf uns ein, sondern er schenkt sich nur dem Menschen, der sich ihm vertrauensvoll hinhält. »Der Geist Gottes vergewaltigt den Menschen nicht, auch nicht zu des Menschen Glück und zu seiner erfüllten Verwirklichung. So bleibt dieser Dialog echter Dialog, auch wenn die schöpferische Kraft nur von Gott her ausgeht und uns anrührt.« (279f)

Für Delp braucht dieser Dialog zwischen dem Menschen und dem Heiligen Geist eine ehrfürchtige Behutsamkeit und Wachsamkeit. Es genügt nicht, nur seine religiösen Pflichten zu erfüllen. Viele Menschen, die sich hinter der frommen Pflicht verstecken, überhören »so viele innere Worte und

Weisungen, diese leisen Sendungen, diese zarte und vornehme Verhaltenheit Gottes. Die Zuversicht, mit der wir uns Gott nahen, ist das offene Tor, durch das Gottes Wunder, Gottes Kräfte und Gott selbst in unser Leben einziehen« (280).

Sine tuo numine – Ohne dein Sich-zu-uns-Neigen
Das lateinische Wort »numen« können wir kaum übersetzen. Es meint das Winken mit dem Kopf, die Neigung, das Geneigt sein, die Zuwendung, dann aber auch die göttliche Majestät und Hoheit. Wir sprechen vom Numinosum und meinen das Ehrfurcht gebietende Erschauern vor Gottes Größe.

Alfred Delp interpretiert das »sine tuo numine« als gnadenloses Leben, als Leben ohne die Zuwendung des Heiligen Geistes. Und er sieht darin den großen Irrtum seiner Zeit. Aber nicht nur die Zeit des Dritten Reiches war eine Zeit ohne Erbarmen, eine Zeit, in der sich der Mensch verrannt hat, weil er dachte, er könne allein aus sich heraus leben. Alfred Delp schließt seine Betrachtung dieser drei Worte »sine tuo numine« mit dem leidenschaftlichen Appell, den wir uns heute genauso zu Herzen nehmen sollten: »Nie wieder sollen die Menschen sich so über ihre Möglichkeiten täuschen und sich solches antun. Die übrig bleiben, sollen die Zusammenhänge wissen und sehen und mit feurigen Zungen künden. Der gnadenlose Weg ist Anmaßung und Absturz. Der Mensch ist nur mit Gott zusammen Mensch« (281). Wenn der Mensch Gott übersieht, übersieht er auch den Menschen, wird er blind für das, was ihm wirklich guttut und zum Heil dient.

Nihil est in homine – Nichts ist im Menschen

Ohne den Heiligen Geist ist der Mensch nichts. Allein mit sich gelassen, ist er verlassen, verlässt er den Weg des Lebens und geht Irrwege, die eine ganze Generation ins Verderben stürzen können, wie es Alfred Delp am eigenen Leib schmerzlich und existenziell erfahren musste. Es ist ein Lieblingsgedanke Delps, den er immer wieder aufgreift, dass der Mensch allein nicht Mensch sein könne, sondern nur zusammen mit Gott: »Gott gehört in die Definition des Menschen. Und die innerste Lebensgemeinschaft mit Gott zu den ersten Voraussetzungen eines gelungenen und gekonnten Lebens« (282). Ohne die Verbindung mit Gott kommt der Mensch selbst in Bedrängnis und bringt andere in Bedrängnis. Daher verlangt die Bitte um den Heiligen Geist zugleich die Bereitschaft, umzukehren und zur Quelle unseres Lebens heimzukehren. Denn nur wenn wir aus der Quelle des göttlichen Geistes schöpfen, können unser Leben und unser Miteinander in der Gesellschaft und in der großen Menschheitsfamilie gelingen.

Nihil est innoxium – Nichts ist unschädlich

»Innoxium« bedeutet unschädlich, ohne Gefahr, sicher. Ohne den Heiligen Geist kehrt sich alles in uns gegen uns. Es vergiftet uns, schadet uns und richtet uns zugrunde. Alfred Delp hat das nicht nur für den Einzelnen gesehen, sondern für eine ganze Generation: »Die Wirklichkeit ohne Gott ist seinshaft falsch. Das seinshaft Falsche aber ist zum Aufbau gesunder Ordnung, zum Schutz gesunden und echten Lebens nicht nur unbrauchbar, sondern gefährlich« (282). Daher hat Delp im Kreisauer Kreis an einer neuen, aus christlicher Verantwortung entworfenen Gesellschaftsordnung mitgearbeitet. Er hat zur Genüge erkannt, wie gefährlich und schädlich eine Ordnung ohne den Geist Gottes für Deutschland, ja für die ganze Welt werden kann. Aber ohne den göttlichen Geist kann auch das Leben des Einzelnen nicht gelingen. Nur wenn der Mensch voll des Heiligen Geistes ist, wird sein Leben das, was Gott uns zugedacht hat: ein geglücktes Leben. »Der Mensch im Heiligen Geist ist selbst für sich und den anderen ein wertvoller Mensch und er hat in der Begegnung mit dem Leben, den Dingen, der Wirklichkeit den gütigeren und klareren Blick und die heilendere Hand. Er segnet und wird gesegnet« (283).

Lava quod est sordidum – Wasche, was beflecket ist
Die siebte und achte Strophe der Pfingstsequenz bitten nun den Heiligen Geist, dass er an uns handeln soll. In sechs Bildern wird beschrieben, was der göttliche Geist an uns bewirkt und welche Wunden er heilt.

Die erste Wunde ist die der Verschmutzung. Schmutzig fühlt sich der Mensch, wenn er in Schuld gerät und wenn er die Schattenseiten in sich entdeckt, die er jahrelang verdrängt hat: all die mörderischen Tendenzen, die Feigheit, Gemeinheit, zu der er fähig ist. »Für jedes Leben schlägt die Stunde, in der ihm vor sich selbst graust. In der ihm die ganze Misslungenheit und Ekelhaftigkeit seiner Wirklichkeit das Gemüt erschüttert und die Maske der Selbstsicherheit und Selbstgerechtigkeit vielleicht für diese eine Stunde gelüftet wird, vielleicht auch endgültig fällt.« (285)

Der Mensch möchte seiner Schuld entfliehen. Er verdrängt sie, er übersieht das schmutzige Kleid, das er anhat. Er projiziert seine Schuld lieber auf andere und bekämpft die Sündenböcke, denen er seine Schuld aufgeladen hat. Das war vielleicht das große Verhängnis des Dritten Reiches, dass Hitler seine ganze Minderwertigkeit dadurch kompensiert hat, dass er andere klein machte. Er konnte an seine eigene Größe glauben, weil er den Schmutz im eigenen Herzen auf die anderen, auf die Juden warf. Statt seine Vaterwunde anzuschauen und Gott hinzuhalten, damit sie im Licht Gottes geheilt werde, hat er sie ausagiert. Und er hat die vielen Menschen in Deutschland, die ihre Vaterwunden nicht bearbeiten wollten, dazu eingeladen, sie mit ihm zusammen an den Andersdenkenden auszuleben. So hat er die ganze Welt mit dem Schmutz seiner ungeheilten Seele verunreinigt.

Niemand kann seiner Wahrheit entgehen. Wir können uns den eigenen Schmutz nicht selbst abwaschen. Wir müssen Gott darum bitten. Das Bild des Waschens führt uns wieder zum Bild der Quelle zurück, die alles, was um sie herum unrein ist, reinigt und klärt. Delp schließt seine Betrachtung dieser Bitte mit den Worten: »Es bedarf großer Gnade und Güte Gottes. Es bedarf der schöpferischen Berührung durch Gott. Es bedarf der Entsiegelung der göttlichen Heilsquellen durch die ehrliche Hinwendung, Übergabe und Bitte« (287).

Riga quod est aridum – Tränke, was vertrocknet ist
Die zweite Not des Menschen ist, dass sein Leben vertrocknet und dürr geworden ist: leer, ohne Saft und Kraft, unfruchtbar. Die Quellen, aus denen er lebt, sind vertrocknet. Da bedarf es des Rufes nach der nie versiegenden Quelle des Heiligen Geistes, die das Vertrocknete und dürr Gewordene in uns wieder bewässert und befruchtet. Alfred Delp nennt drei Arten der Unfruchtbarkeit und Dürre, die der Bitte um den

befruchtenden Gottesgeist bedürfen: »Die vergebliche Begabung, die über den großen Ansatz, die große Gebärde und Geste nicht hinauskommt. Die wohl einmal eine Gemeinde, ein Geschlecht begeistern kann, aber doch keinen endgültigen Wert schafft oder enthüllt. Die persönliche Dürre, in die der Einzelne geraten kann gerade im innersten Leben und Erleben, nicht nur im natürlichen Erkennen und Gestalten, sondern auch und gerade in der Gottesbegegnung, im lebendigen Dialog mit ihm, in der beständigen Partnerschaft. Das unschöpferische Geschlecht: dass auf einmal einem ganzen Volk, einer ganzen Generation nichts Gescheites mehr einfällt, weder im praktischen Erkennen noch in der Gestaltung, weder in der Kunst noch in der Politik, weder in der Philosophie noch in der Theologie noch in der Religiosität« (288).

Man könnte meinen, Delp beschreibe nicht nur die Zeit des Dritten Reiches, sondern auch unsere Zeit, die sich ebenfalls durch Fantasielosigkeit, durch den Verlust der Träume und Visionen auszeichnet. So ist der Ruf nach dem Heiligen Geist nicht nur eine persönliche Bitte, sondern auch das Flehen um die schöpferische Kraft für unsere Gesellschaft, für unsere Welt.

Am Ende seiner Meditation kommt Alfred Delp nochmals auf die Erfahrung der persönlichen Wüste zu sprechen, in die der Mensch geraten kann. Die Wüste ist ein Bild dafür, dass der Mensch innerlich vertrocknet ist und dass alles um ihn herum dürr geworden ist. Der Mensch kann seine Wüste nur im Blick auf den Heiligen Geist bestehen, der in ihm die Quelle des Lebens wieder zum Strömen bringt: »Die Wüsten müssen bestanden werden, die Wüsten der Einsamkeit, der Weglosigkeit, der Schwermut, der Sinnlosigkeit, der Preisgegebenheit.

Gott, der die Wüste schuf, erschließt auch die Quellen, die sich in fruchtbares Land verwandeln. Das flehende Herz und der vertrauende Sinn rufen seine Treue« (290).

Sana quod est saucium – Heile, was verwundet ist
Jeder Mensch wird in seinem Leben verwundet, ob er es will oder nicht. Manche leiden ein Leben lang an ihrer Vater- oder Mutterwunde, an den Kränkungen, die sie als Kind erfahren haben, an ihrem beschädigten und verletzten Leben. Viele versuchen, die Wunden ihrer Vergangenheit therapeutisch aufzuarbeiten. Sie müssen den Schmerz, den sie damals verdrängt haben, in der Begleitung eines anderen nochmals anschauen. Das Gebet, dass der Heilige Geist heilen möge, was in uns verwundet ist, setzt die Hoffnung darauf, dass unsere Wunden vor Gott und von Gott her geheilt und verwandelt werden können. Statt immer nur um unsere Wunden zu kreisen und andere dafür verantwortlich zu machen, rät Alfred Delp dazu, sie einfach Gott hinzuhalten: »Irgendwann muss alles Denken und müssen alle Fluchtversuche aufhören. Man muss ganz ruhig liegen, sonst reißen die Dornen des Gestrüpps, in das man gefallen ist, nur neue Wunden. Ganz ruhig liegen und seine Ohnmacht wissen und die heilende Hand Gottes suchen. Seinen heiligen und heilenden Strom herausweinen, in uns hineinleiten, der uns von innen her den Dingen gewachsen machen wird« (292). Im Weinen, so meint Delp hier, weinen wir nicht nur die eigene Not heraus, sondern öffnen uns zugleich dem Heiligen Geist, damit der Strom seiner heilenden Liebe in uns einströmen kann.

Alfred Delp spricht nicht nur von den Wunden, die andere uns zufügen, sondern auch von Wunden, die von innen kommen: »Wenn der Glaube schwankt, die Hoffnung zerbricht, die Liebe erkaltet, die Anbetung erstarrt, der Zweifel nagt, der Kleinmut sich über alles Leben breitet wie das Leichentuch der Winterlandschaft, der Hass und die Anmaßung den inneren Atem würgen: dann ist das Leben auf den Tod verwundet« (293). Und er weiß, dass der Mensch diese Wunde nicht aus sich heraus zu heilen vermag. Delp hat es im Gefängnis selbst erfahren, dass er sich dazu an Gottes Geist wenden muss: »Allein hätte ich es schon lange nicht mehr geschafft. Schon damals in der Lehrterstraße nicht. Gott heilt. Die heilende Kraft Gottes lebt in mir und mit mir« (293).

Flecte quod est rigidum – Beuge, was verhärtet ist
»Rigidus« bedeutet starr, steif, unbiegsam, unbeweglich, hart, rau, grausam. Die Sprache verrät hier, dass sie etwas vom Menschen versteht: Wer in sich erstarrt ist, der wird unbeweglich und hart, ja er wird grausam mit sich und anderen umgehen. Er wird »rigoros«, ein Wort, das ja vom lateinischen Ursprung abgeleitet ist.

Das Leben dagegen ist immer in Bewegung. Es fließt und strömt. »Die Erstarrung ist Fixierung des Daseins auf einen beliebigen Punkt der Lebensstraße, ist Abfall vom Gesetz der Wanderschaft, ist vorzeitige und deshalb unzeitige Sehnsucht nach einem endgültigen Ort« (294). Der Mensch erstarrt, wenn er sein Herz an leblose Dinge – wie Besitz und Reichtum – hängt.

Gefährlicher ist für Alfred Delp aber die innere Erstarrung. Der Mensch hört auf, nach den Sternen zu greifen, er bleibt in sich selbst gefangen. Er wird »ein Mensch der Auswahl, der Rast, der inneren Pensionierung« (294). »Er ist an sich selbst angebunden und verkümmert dort. Er wird des lebendigen Glaubens unfähig, weil er des Dialoges unfähig wird, der Urform des kreatürlichen Lebens in jeder Hinsicht« (296). Aber der Mensch kann auch erstarren, weil das Schicksal ihn überfordert, »ihn an feste Plätze und Pfähle bindet, ihn einkerkert, ihm alle möglichen Auswege versperrt und alle Türen zuschlägt. Die Erstarrung in Schrecken, die Verhärtung durch das Erlebnis und aus Erlebtem sind oft eine Notwehr« (295).

Alfred Delp hat hier sicher seine eigene Situation vor Augen. Aber während das Gefängnis ihn für das Strömen des Heiligen Geistes bereitet hat, erinnert er sich an seine Härte, die er an den Tag legte, als er noch auf seinen unabhängigen Geist und auf seine Begabungen stolz war: »Es war doch nur Selbsttäuschung und Anmaßung. Das hab ich mittendrin schon gespürt, da ich jedes Mal, wenn ich den anderen wehtat, dieses Weh selbst spüren musste und gespürt habe. Geholfen hat mir die geläuterte Begegnung mit Gott, die, je ehrlicher sie wurde, umso mehr mich zwang, diese anmaßende Lieblosigkeit dranzugeben. Die Fähigkeit aber zur geläuterten und gesteigerten Begegnung mit Gott verdanke ich der erschließenden und lösenden Begegnung mit Menschen, die viel Brachland in mir zum ersten Mal unter den Pflug gebracht haben« (296f).

In Gesprächen begegne ich manchmal rigorosen Menschen, die in sich erstarrt sind. Ihr Gesicht ist unbeweglich wie eine Maske. Ich kann ihre Gefühle nicht erraten. Sie verstecken sie hinter der harten Maske. Mir tut es weh, solchen Menschen zu begegnen. Sie brauchen offensichtlich die Erstarrung, weil sie Angst vor dem Leben haben. Sie haben Angst, sie könnten »versumpfen«, weil sie in sich keinen Halt finden. So brauchen sie den äußeren Halt einer starren Fassade. Doch diese schneidet sie vom Leben ab.

Es ist nicht mein Recht, ihnen diese Fassade zu nehmen. Denn dann würde ihr schwach gebautes Lebenshaus zusammenstürzen. Es bedarf des Heiligen Geistes, der das Leben in ihnen stärkt und das Hart-Gewordene aufweicht. Wenn ich das Harte breche, zerbricht der Mensch, der sich dahinter verbirgt. Wenn jedoch das Harte durch den Heiligen Geist berührt wird, wird es biegsam. Nur der biegsame Mensch kann heil durch die Krisen kommen.

Fove quod est frigidum – Wärme, was erkaltet ist

Der Mensch erkaltet, wenn die Liebe in ihm aufhört zu strömen. Alfred Delp denkt aber nicht nur an den Einzelnen, der kalt wird, wenn ihm die Liebe und die Leidenschaft abhandenkommen. Er denkt auch an die Gesellschaft, an die Kultur des Abendlandes, von der er sagt, sie sei den Kältetod gestorben. »Der Mensch ist so viel Mensch und so groß Mensch, als er liebt. Dieses Abendland und diese Menschen haben keine große Liebe mehr gekannt, keine Leidenschaft zum Absoluten. Unsere Herzen zitterten nicht mehr, wenn wir der Urwirklichkeiten gedachten: Herrgott, Mensch, Sendung. Es wurde alles noch gelehrt, verkündigt, weitergesorgt, geübt wie früher. Aber es fehlte die schöpferische Quelle in uns, der echte Aufschwung, die große Hingabe, eben die Leidenschaft.« (297f)

Alfred Delp sieht die Erstarrung vor allem in zwei Bereichen: in der bürgerlichen Gesellschaft und in der bürokratischen Kirche. Die bürokratische Kirche zeichnet sich dadurch aus, dass sich die Werte der bürgerlichen Gesellschaft auch in ihr angesiedelt haben, wie »Besitz, Macht, gepflegtes Dasein, gesicherte Lebensweise« (300). Und Delp bedauert die »Namenlosigkeit und Gesichtslosigkeit der Führung« in der Kirche. Die Kirche muss wieder dem lebendigmachenden Heiligen Geist trauen, der sie aus den Trümmern einer zu Bruch gegangenen bürgerlichen Institution herauszuführen vermag: »Lass uns die Freiheit Gottes lieben und die Wahrheit des Geistes tun und seiner Lebendigkeit uns ergeben« (301).

Die Kälte unserer Gesellschaft und Kirche greift auch nach unseren Herzen. Gerade in einer solchen Situation brauchen wir die Bitte um das Feuer des Heiligen Geistes, um die Wärme der göttlichen Liebe, die uns von innen her wärmt und das Kalte in uns auftaut. Das Gebet um den Heiligen Geist will das Feuer in uns wieder zum Brennen bringen. Und die Verehrung des Heiligen Geistes will dieses Feuer in uns hüten, damit sich auch andere an diesem göttlichen Feuer in uns wärmen können.

Ob in einem Menschen die Glut des Heiligen Geistes ist oder nicht, erkennt man an seiner Sprache. Oft ist die Sprache kalt. Sie ist abgeschnitten von den Emotionen. Sie strömt nicht aus dem Herzen, sondern aus einer inneren Kälte heraus. Eine kalte Sprache lässt die Menschen erstarren. Der Evangelist Lukas spricht in der Apostelgeschichte davon, dass der Heilige Geist an Pfingsten in Gestalt von Feuerzungen auf die Jünger herabkommt (vgl. Apg 2,1–13). Unsere Sprache wird durch die Glut des Heiligen Geistes zu einer wärmenden Sprache, zu einer Sprache, bei der ein Funke in die Herzen der Menschen überspringt. Die Sprache des Geistes ist eine Sprache, die alle Herzen erreicht, über die Grenze der verschiedenen Sprachen und Kulturen und Religionen hinweg. Das haben die Jünger an Pfingsten auf wunderbare Weise erfahren. »Alle wurden mit dem Heiligen Geist erfüllt und begannen, in fremden Sprachen zu reden, wie es der Geist ihnen eingab.« (Apg 2,4) Und alle Menschen, die aus den verschiedensten Gegenden der damals bewohnten Erde nach Jerusalem kamen, wunderten sich: »Sind das nicht alles Galiläer, die hier reden? Wieso kann sie jeder von uns in seiner Muttersprache hören?« (Apg 2,7 f.)

Wir sehnen uns heute nach der Glut des Heiligen Geistes, die unsere Herzen wärmt, die in der Kälte dieser Welt selbst kalt zu werden drohen. Und wir sehnen uns gegenüber der kalten Sprache, die nicht nur in der Wirtschaft, sondern manchmal auch in der Kirche gesprochen wird, nach einer wärmenden Sprache, die die Herzen erreicht und die die Menschen in einer menschlicheren Gesellschaft zusammenführt. Und wir sehnen uns danach, dass das Feuer der Liebe die Herzen entzündet und miteinander verbindet. Nur so wird diese Welt menschlicher, liebevoller. So kann die Welt zu einem Haus werden, in dem Menschen sich wirklich zu Hause fühlen.

Rege quod es devium – Lenke, was da irregeht

»Devius« bedeutet vom Wege abführend, auf unrechtem Weg befindlich, töricht, unvernünftig, unwegsam, unpassend. Allzu leicht weichen wir vom Weg ab, der uns zum Leben führt, und gehen lieber irrige Wege, die ins Verderben münden. Der breite Weg, so sagt die Bibel, führt ins Verderben (vgl. Mt 7,13). Der breite Weg ist der Weg, den die meisten gehen.

Der Heilige Geist möge uns den engen Weg zeigen, der genau für uns stimmt, auf dem wir die Weite und Freiheit des göttlichen Lebens entdecken. Auf ihm können wir das Leben finden, das Gott uns zugedacht hat. Wenn wir den breiten Weg gehen, geraten wir oft in eine Krise. Dann rebelliert unsere Seele dagegen. Sie mahnt uns, dass wir den Weg gehen, der unserem wahren Wesen und dem einmaligen Bild, das Gott sich uns gemacht hat, entspricht.

Alfred Delp denkt bei »devium« vor allem an den Verlust der natürlichen wie der übernatürlichen Instinkte. Und er beklagt diesen Verlust der Instinkte nicht nur in der Gesellschaft, sondern vor allem auch in der Kirche. So meint für ihn die Bitte um den Heiligen Geist »die Heilung dieser Instinktlosigkeit«: »Wir haben uns als Einzelne und als Kirche in den letzten Zeiten so oft vergriffen in der Art der Begegnung mit dem Menschen, mit der Wertung und Schätzung von Situationen und geistigen Wirklichkeiten, in der Kunst der Menschenführung, in der Darbietung der Lehre und noch in so vielem anderen, dass wir doch allen Grund hatten und haben, über uns selbst zu erschrecken. Ach ja, unsere Taktiken sind immer noch gerissen, unsere Rhetorik immer noch beredet, die Kirchenpolitiker immer noch ›klug‹: aber es fehlt eben jene einfältige Sicherheit, die das Richtige spürt und tut, ohne es recht zu wissen« (302). So ist die Bitte »Lenke, was da irregeht« auch in unserer Zeit hochaktuell: Sie ist die Bitte, dass wir wieder ein Gespür für das »eine Notwendige« bekommen, ein Gespür für das, was Gott heute von uns will.

Gesellschaftliche Krisen entstehen, weil wir den uns angemessenen Weg verlassen und in die Irre gehen. So ist die Bitte, dass der Heilige Geist die Menschen, die in die Irre gehen, lenken möge, ein Gebet für unsere Gesellschaft und für alle, die in der Gesellschaft Verantwortung tragen. Und sie ist auch

147

eine persönliche Bitte. Denn wir alle sind immer wieder in Gefahr, in die Irre zu gehen und allen möglichen Schreckensmeldungen oder aber euphorischen Heilszusagen zu erliegen. Der Heilige Geist möge uns den Weg zeigen, der zum Leben und in die Wahrheit führt, der uns zu uns selbst, zueinander und zu Gott hin lenkt.

Da tuis fidelibus – Gib deinen Gläubigen

Alfred Delp kommt hier nochmals auf den Glauben zu sprechen. Der Glauben ist der Ort der Begegnung mit Gott und die Voraussetzung dafür, dass der Geist Gottes in uns eindringen kann. Das Leben im Geist kann sich für ihn »nur in der Sphäre und Atmosphäre personaler Intimität ereignen und entfalten« (303). Der Heilige Geist kann in uns nur wirksam werden, wenn wir unsere urpersönliche Antwort auf seinen Anruf geben. Es braucht den persönlichen Dialog zwischen dem Geist, der in den leisen Regungen des Herzens zu uns spricht, und uns, die wir darauf antworten: »Der personale Dialog ist die Grundform der geistigen Lebendigkeit. Gib deinen Gläubigen, beten wir. Es ist wie bei der echten Liebesbegegnung zweier gesunder Menschen. Das Herz wagt es, sich zum Herzen zu gesellen, weil es sich selbst im anderen Herzen schon findet als Heimat der Sehnsucht, als gesuchten Gesellen und Gefährten, als erkannten und geschätzten Wert« (303). Die Bitte um den Heiligen Geist sieht Alfred Delp aber nicht nur als persönlichen Dialog der Liebe, sondern auch als Ruf der Zeit und als Gebet der ganzen Kirche – gerade in einer Zeit, in der »wir die Bedürftigkeit der Welt, in die wir geraten sind, die Ausplünderung der Kreatur, der wir anheimfielen, erfahren und begreifen« (304).

In te confidentibus – Denen, die auf dich vertrauen

Der Glaube vollendet sich im Vertrauen. »Das Vertrauen ist die Ruhe und Zuversicht, die den Menschen überkommt, wenn er weiß, dass er sich auf die Wertigkeit und Tragfähigkeit des Seins, das ihm zur Verfügung steht, verlassen kann« (304). Der Heilige Geist braucht unser Vertrauen, damit er in uns wirken kann. Aber er selbst ist es auch, der das Vertrauen in uns entstehen lässt. Er zeigt uns, dass wir nicht allein in dieser Welt sind, sondern dass alles vom Geist Gottes durchdrungen und getragen ist.

Vertrauen ist mehr als das Urvertrauen, das wir in der Kindheit mitbekommen haben, mehr als das Vertrauen, dass im Grunde alles gut ist. Vertrauen ist letztlich ein personales Geschehen, das sich in der personalen Intimität der Liebe am deutlichsten zeigt. Der Heilige Geist befähigt uns zu solch liebendem Vertrauen in Gott und in den geliebten Menschen hinein. Aber die Frage ist, ob wir auch dem Geist Gottes selbst trauen, ob wir ihm zutrauen, dass er uns verwandelt und das Bild, das Gott sich von uns gemacht hat, immer mehr in uns ausformt.

Delp schließt seine Betrachtung dieses Textstückes und damit auch der gesamten Pfingstsequenz – offensichtlich konnte er im Gefängnis nicht weiterschreiben – mit dem Appell, dem Geist Gottes in uns zu trauen: »Diese Verwirklichung des wunderbaren Lebens im Heiligen Geist ist auch auf unser Vertrauen gestellt. Wir sind trotz des Geistes, der uns innewohnt, oft so müde und furchtsam, weil wir dem Geist Gottes nicht zutrauen, aus uns etwas zu machen. Wir glauben der eigenen Dürftigkeit mehr als den schöpferischen Impulsen des Herrgottes, der in uns unser Leben mitlebt. Darauf kommt es an, auf das Vertrauen, dass wir immer noch geeignet sind, uns den schöpferischen Segnungen Gottes zu ergeben und unter diesen Segnungen erfüllte und lebenstüchtige Menschen zu werden. Selig, die Hunger und Durst haben« (305).

Das Vertrauen in allen Lebenslagen, gerade auch in einer Krise, war ein wichtiges Anliegen von Alfred Delp. Bekannt geworden ist sein Wort, das er im Gefängnis geschrieben hat: »Lasst uns dem Leben trauen, weil Gott es mit uns lebt« (8). Es wurde im Jahre 1984 zum Motto des Katholikentages in München. Offensichtlich haben die Verantwortlichen in der Kirche damals gespürt, dass auch unsere Zeit dieses Vertrauen braucht. Der Grund dieses Vertrauens ist, dass Gott mit uns lebt. Gott ist auch mit uns in unseren Krisen. Deshalb dürfen wir auch dort voller Vertrauen und Mut hindurchgehen.

Sacrum septenarium – Die heilige Siebenzahl

Die Siebenzahl meint die sieben Gaben, die die Tradition dem Heiligen Geist zuschreibt. Sieben ist eine heilige Zahl. Sie ist zusammengesetzt aus der Vier und der Drei, aus der Zahl für die Elemente und aus der Zahl, die für den dreifaltigen Gott steht. Sieben meint, dass der Mensch in Gott hinein verwandelt wird, dass Irdisches in Himmlisches, Menschliches in Göttliches verwandelt wird. Der Heilige Geist ist der große Wandler und Verwandler. Wenn er uns durchdringt, dann wird alles in uns in das Bild verwandelt, das Gott sich von uns gemacht hat. Das ist das Ziel unseres Lebens: dass wir mehr und mehr das einmalige und einzigartige Bild werden, das Gott sich von uns ausgemalt hat. Wenn wir dieses Bild werden, dann leben wir authentisch und stimmig, dann kann alles zur Entfaltung kommen, was Gott uns an Fähigkeiten und Möglichkeiten geschenkt hat. Aber wir können uns nicht selbst in dieses Bild verwandeln. Dazu brauchen wir den Heiligen Geist, der so in uns eindringt, dass alles in uns von Gott berührt, geheilt, aufgerichtet und zum Leben geweckt wird.

Da virtutis meritum – Gib den Lohn der Tugend
Was mit dieser Bitte gemeint ist, können wir erahnen, wenn wir die beiden Worte genauer anschauen. »Virtus« kommt im Lateinischen von »vir« und meint alles, was den Mann auszeichnet: die Geschicklichkeit, die Kunst, die Tapferkeit, Herzhaftigkeit, die Tugend, gute Eigenschaften, Kraft. »Meritum« meint Lohn und Verdienst. »Virtus« bezieht sich auf unser eigenes Tun, auf das herzhafte Zupacken, auf die Tugend, die wir einüben. Das deutsche Wort »Tugend« kommt von »taugen«. Der Heilige Geist will uns zu tüchtigen Menschen machen, die etwas in dieser Welt taugen und die sich voller Kraft den Aufgaben stellen, die die Welt uns aufgibt. Der Heilige Geist zeigt sich in der Geschicklichkeit, mit der wir an die Lösung unserer Probleme herantreten. Und er drückt sich aus in der Kraft, die sich nicht lähmen lässt, wenn sich ihr Widerstände in den Weg stellen. Aber wir bitten nicht nur um die Tüchtigkeit und Tugend, sondern auch um den Verdienst, der daraus resultiert. Wir dürfen uns diesen Lohn nicht äußerlich vorstellen, als ob uns der Heilige Geist mit irgendetwas belohnt, wenn wir gut genug gekämpft haben. Der Lohn steckt vielmehr in der Tugend selbst. Wir bitten darum, dass die Tugend auch ihr Ziel findet, dass wir nicht ins Leere kämpfen. Ja, letztlich bitten wir darum, dass unser Leben gelingen möge und ein Leben wird, das dieser Welt seine

ureigene Spur einprägt, ein Leben, an dessen Ende wir sagen
können: Es war gut so.

Da salutis exitum – Gib Vollendung des Heils

Die Bitte um das Gelingen unseres Lebens drückt sich in drei
Bitten aus. Die erste, eben schon beschriebene Bitte bezieht
sich auf das Leben in der Gegenwart. Wir bitten, dass unser
Leben jetzt tauge, voller Kraft sei und den Lohn in seiner Lebendigkeit selbst erfahre.

Die nun folgende zweite Bitte sieht auf den Ausgang unseres Lebens. Wir bitten um ein gutes Ende (»exitus«), um
einen erfolgreichen Ausgang, um Vollendung unseres Heils
(»salus«). »Salus« kann Gesundheit, Wohlbefinden, Heil,
Glück und Rettung bedeuten. Wir bitten den Heiligen Geist,
dass wir am Ende unseres Lebens endgültiges Heil und Glück
erfahren dürfen. Aber wir bitten auch darum, dass die Gesundheit und das Wohlbefinden, das der Heilige Geist uns
hier schenkt, bis zum Ende dauern möge. Wenn aber eine
Krankheit uns in die Krise stürzt, dann bitten wir darum, dass
der Heilige Geist uns in der Krankheit Heil erfahren lässt: ein
Heilsein und Ganzsein, das durch die Krankheit nicht aufgelöst wird. Der Heilige Geist soll uns dann durch die Krankheit zu dem inneren Selbst führen, das heil und ganz und nicht
von Schwäche und Krankheit angefressen ist.

Da perenne gaudium – Gib beständige Freude

Diese dritte Bitte zielt nun auf das Leben in der Herrlichkeit Gottes. Dort wird ewige Freude sein. »Perennis« meint
eigentlich: das ganze Jahr hindurch, bleibend, beständig, im-
merwährend, etwas, das nie versiegt. Die immerwährende

Freude, die wir im Himmel erhoffen, soll aber auch schon jetzt in uns sein. Der Heilige Geist ist die Freude Gottes, die uns schon hier durchdringt. Und so bitten wir nicht nur um die Freude in der ewigen Herrlichkeit, sondern auch darum, dass die göttliche Freude schon hier in diesem Leben beständig in uns bleibt und nicht durch Schicksalsschläge und Enttäuschungen getrübt wird.

Wenn der Heilige Geist in uns ist, dann ist mit ihm schon jetzt Gottes Freude in uns, eine Freude, die unabhängig ist von Erfolg oder Misserfolg, von Gesundheit oder Krankheit, von Zuwendung oder Ablehnung. Für die frühen Christen war es eine wichtige Frage, wie sie hier und jetzt schon der Aufforderung des heiligen Paulus gerecht werden können: »Freut euch zu jeder Zeit!« (1 Thess 5,16). Wir können uns nur dann freuen, wenn wir dem Geist Gottes in uns Raum geben, wenn wir uns von ihm bestimmen lassen und wenn wir uns von ihm her definieren. Diese dauernde Freude wird auch durch den Tod nicht zunichtegemacht werden.

Diese letzte Bitte scheint in der Krise eher eine Vertröstung auf das Jenseits zu sein. Doch so ist sie nicht gemeint. In der Krise zu wissen, dass mein Leben auf jeden Fall gelingen wird – wenn nicht hier, so doch in der Ewigkeit –, das relativiert die Krise. Ich bin auch in der aktuellen Krise vom Heiligen Geist erfüllt, der mir hier schon Anteil an seiner Freude schenkt. Er ermöglicht es mir, mit einer gelassenen Heiterkeit – »hilaritas« war für die frühen Mönche das Kennzeichen für eine geisterfüllte Haltung – durch meine Krisen zu gehen. Die Kirchenväter sprechen von der Freude des Heiligen Geistes als einer Freude, die uns niemand nehmen kann – auch kein Unglück oder keine Krankheit, auch keine Krise und

kein Scheitern. Diese Freude vermag auch dem Tod standzuhalten und ihn zu überwinden.

Vielleicht fragen Sie sich, liebe Leserin, lieber Leser, wie die
Meditation der Pfingstsequenz helfen soll, mutig durch die
Krisen zu gehen, die Sie heimsuchen. Vielleicht denken Sie,
dass Alfred Delp im Gefängnis vor der bedrohlichen Situation
des nahenden Todes in eine erbauliche Meditation geflüchtet
sei. Doch das würde seiner Erfahrung strikt widersprechen.
Für Alfred Delp war gerade das Eintauchen in die Meditation
eine Hilfe, der grausamen Welt des Gefängnisses ihre Macht
zu nehmen. Er ist vor dieser Welt nicht geflohen. Er hat viel-
mehr das getan, was in so einer kritischen Situation Trost und
Stärkung bedeuten kann: seine Zuflucht zum Gebet und zur
Meditation zu nehmen. Indem er die Pfingstsequenz auf dem
Hintergrund seines drohenden Todes meditiert hat, kam er
mit sich selbst in Berührung. Er konnte Abstand nehmen von
den Ängsten, die ihn manchmal nachts heimsuchten. In den
Worten dieses alten Hymnus fand er Trost in einer trostlosen
Umgebung. Er bekam in seiner Meditation Anteil an den
Erfahrungen, die Stephan Langton vor 800 Jahren mit dem
Heiligen Geist gemacht hat und die er in seinen Hymnus
hineinfließen ließ. Das Eintauchen in die Welt des Heiligen
Geistes und die Teilnahme an der Glaubenserfahrung anderer
Menschen vor ihm haben ihm Kraft gegeben, an seiner eigenen Würde festzuhalten – auch wenn ihm diese von der Gesta-
po nicht zugestanden wurde. Er hat sich nicht angepasst und
verbogen. Er konnte aufrecht durch alle Bedrängnisse gehen.
    Aus diesem Grund wollte ich Sie, liebe Leserin, lieber Le-
ser, in diesem Buch teilhaben lassen an der Erfahrung von

Alfred Delp, an der Erfahrung von Stephan Langton und an der Erfahrung all der Menschen, die seit dem Jahre 1200 diese Pfingstsequenz gesungen und meditiert haben. Ich vertraue darauf, dass die Meditation dieses Hymnus oder auch des wunderbaren Hymnus von Hrabanus Maurus »Veni creator spiritus« Ihnen Kraft verleiht, mutig durch Ihre Krisen zu gehen.

SCHLUSSGEDANKEN

›Trau deiner Kraft.‹ – Der Titel dieses Buches bedeutet nicht, dass Sie immer genügend Kraft in sich haben, um Ihre Krise zu überwinden. Die Ausführungen in diesem Buch wollen Ihnen vielmehr zeigen, dass Ihre Kraft, die Sie in sich spüren, durch die Kraft des Heiligen Geistes gespeist wird. Er gibt uns das Vertrauen darauf, dass uns die Kraft nicht ausgeht. In der Krise haben viele das Gefühl, kraftlos zu sein. Sie haben keinen Zugang zu der Kraft, die sie bisher durch das Leben getragen hat. In dieser Situation gibt es für mich drei Wege, mit der eigenen Kraft in Berührung zu kommen.

Der eine Weg geht über das Innehalten. Ich wende meinen Blick von der Krise weg und schaue in mein Inneres. Ich erinnere mich an die Kraft, die mir oft in schwierigen Situationen zur Verfügung stand. Wenn ich vor einer schweren Krise stand, hatte ich oft Angst, dass mir die Kräfte ausgehen. Aber dann ist mir die Kraft einfach zugewachsen. Die Erinnerung an diese Situationen bringt die Kraft, die mir verloren zu sein scheint, wieder in mein Inneres. Und ich entdecke auf dem Grund meines Herzens die Kraft, die ich brauche, um die jetzige Krise zu bewältigen.

Der zweite Weg geht darüber, mir jetzt meiner Fähigkeiten bewusst zu werden. Ich analysiere die Krise und überlege mir, welche Schritte mir helfen können. Auf diesem zweiten Weg helfen mir meine eigene Erfahrung, mein Wissen und meine Begabungen. Und mir helfen die Gaben, die mir der Heilige Geist schenkt. Die sieben Gaben, mit denen er mich begabt, sind Kräfte, die mich stärken, konkrete Wege aus der Krise zu finden.

Der dritte Weg weist in eine andere Richtung. Ich bete zum Heiligen Geist und bitte ihn, dass er meine begrenzte Kraft mit seiner göttlichen Kraft und Energie anfüllen möge. Dies ist die Bitte, dass der Heilige Geist mit seiner Kraft komme, wie sie in den vielen Gebeten zum Heiligen Geist zum Ausdruck kommt. Aber nicht nur die Bitte um das Kommen des Heiligen Geistes stärkt mich. Es ist auch die Meditation der biblischen Texte über den Heiligen Geist und die Meditation hymnischer Gebete zum Heiligen Geist, die mir in der Krise helfen können. Denn in der Meditation nehme ich zunächst Abstand von der Krise, um in eine andere Welt einzutauchen. Ich fliehe nicht vor meiner Krise in die Welt des Heiligen Geistes, sondern ich nehme in dieser ganz anderen Welt Zuflucht, um darin mit mir selbst und den Möglichkeiten, die Gott mir geschenkt hat, in Berührung zu kommen. Durch die Meditation spüre ich, dass noch eine andere Kraft in mir ist, die ich oft nicht beachte.

Durch das Nachdenken über den Heiligen Geist erkenne ich mein wahres Wesen. Dieses Wesen besteht darin, dass Gott in mir ist und in seinem Sohn und in seinem Geist bei mir ist. Sein Geist erfüllt mich, treibt mich an, mutig die Schritte zu gehen, die mich in eine immer größere Freiheit, Lebendigkeit, in den Frieden und die Liebe hineinführen. So ist es gerade der Heilige Geist, der mich befähigt, den Kräften zu trauen, mit denen Gott mich begabt hat. So kann ich voller Vertrauen und Mut durch alle Krisen gehen, die mich in meinem Leben erwarten.

Ich wünsche Ihnen, liebe Leserin, lieber Leser, dass Sie sich nach dem Lesen dieses Buches nicht auf meine Gedanken verlassen, sondern dass Sie durch meine Worte vielmehr mit den inneren Möglichkeiten in Berührung kommen, die auf dem Grund Ihrer Seele für Sie bereitliegen. Ich wünsche Ihnen, dass Sie durch das Lesen nicht nur in eine andere Welt eintauchen, sondern auch die Welt im eigenen Herzen entdecken, die so anders ist als all das, was Ihnen die Welt sonst vorgaukelt. Wenn Sie mit sich und Ihrer eigenen Kraft in Berührung kommen, die von der Quelle des Heiligen Geistes gestärkt wird, dann können Sie mutig und getrost die Schritte tun, die Sie durch die Krise führen. Sie werden dann neue Chancen in Ihrem Leben entdecken!

LITERATUR

Wilhelm Bitter, Lebenskrisen, Stuttgart 1971.

Raniero Cantalamessa, Komm, Schöpfer Geist. Betrachtungen zum Hymnus Veni Creator Spiritus, Freiburg im Breisgau 1999.

Georges Cottier, Das Krisenbewusstsein in der modernen Philosophie, in: Krise im heutigen Denken?, hrsg. von V. Norbert A. Luyten, Freiburg im Breisgau/München 1972, 7–41.

Alfred Delp, Gesammelte Schriften, Band 4, Frankfurt 1984.

Heinrich Fries, Weisheit, in: Praktisches Lexikon der Spiritualität, Freiburg im Breisgau 1988, 1420f.

Guido Kreppold, Krisen – Wendezeiten im Leben, Münsterschwarzach 1997.

Wilhelm Sandfuchs, Die Gaben des Geistes, Würzburg 1977.

Franz M. Schindler, Die Gaben des Hl. Geistes nach Thomas von Aquino, Wien 1915.

Günther Schnurr, Krise, in: Theologische Realenzyklopädie, Band 20, Berlin 1990, 61–65.

Josef Schwermer, Krisen des Lebens, in: Handbuch der Psychologie für die Seelsorge, Band 2, Düsseldorf 1993, 451–475.